P

Tango Argentino a Buenos Aires

36 Consigli per ballarlo felicemente

Collana ShenBooks di Patricia Müller

Tango Argentino: piccolo breviario per i suoi ballerini
Educazione Sessuale Taoista: antica guida per l'amante moderno
Tango Argentino a Buenos Aires:
36 consigli per ballarlo felicemente

libri per il corpo, lo spirito e l'anima, la sottile linea che li divide e li unisce

Tutti i disegni e foto, non altrimenti indicati, sono di Patricia Müller, mentre le foto antiche di Buenos Aires, dei personaggi e le riproduzioni di stampe e di quadri sono di pubblico dominio.

Patricia Müller

Tango Argentino a Buenos Aires

36 consigli per ballarlo felicemente

© 2010 by Patricia Müller

Tutti i diritti riservati

Copertina © Enrico Massetti

Il termine insegnare deriva dal verbo latino *insignare*, cioè *segnare, tracciare dei segni*, delle *indicazioni,* quasi un mettere dei contrassegni nella mente degli allievi. Questo è quello che fa Patricia: lascia una traccia, un segno della via del Tango e delle tecniche per ritrovarla e identificarla nella vita di tutti i giorni.

Un insegnamento attraverso il *dialogo* che si ritrova non solo nella cultura antica cinese, ma anche in quella occidentale, creando un *sottile legame* tra tutte le diverse culture.

Ed è proprio attraverso il dialogo che si sviluppa il suo metodo di insegnamento.

Il *dialogo* che vive di pazienza e attesa. Una temporalità che non si risolve nella programmabilità e costruttività, ma lascia uno spazio alla fragilità e all'incertezza.

Quel dialogo che ha bisogno di soggetti che si fanno domande e si rispondono. Quel dialogo denso di ritmo, intervallo, avvicendamento.

Il dialogo che mette in relazione soggettività diverse, in cui ciascuno sperimenta di essere soggetto ma anche oggetto possibile di *conoscenza*, rivelandosi attraverso la percezione che l'uno ha dell'altro.

Creando così questa duplice certezza come un'apertura attraverso la quale passa l'approccio empatico.

Se dialogo riconosco l'altro, avendo potuto scorgere il volto della persona fra la massa anonima.

Laura Berni, dott.ssa conservazione materiale librario

Vorrei ringraziare Laura Cumbat, Laura Berni, Lino Bisenzi, Ilaria Mazzi, Giovanna Ruglioni, Diego Martin Caisson (la sua foto è controsegnato con *), Giuseppe Ruglioni (la sua foto è controsegnato con #), Alice Ruglioni, Chiara Scozzari, Fabiola Fani, Daniela Cecconi, Riccardo Penna e Francesco Beltramini, Yvonne Meissner e Raffaello Torrini per la sua mitica foto con me del Tango de Salón Apilado.

Grazie a tutti!

I Consiglio
Il Tango e noi

Da quando ho visto il delta del Tigre, ho riconosciuto in esso i meandri del mio Tango. Scavando nella sua storia mi sono trovata davanti i destini degli indios, ritenuti inferiori ai neri, degli schiavi africani, degli immigranti europei, ma anche di singole donne, uomini, cantanti, musicisti e ballerini, famosi e meno famosi. Seguendo le faccende storiche del Tango ho incontrato svolte improvvise ed esplorato quartieri sconosciuti, ho comprato scarpe, mi sono stancata facendo ginnastica e ho dormito tanto per poter ballare tutta la notte.

Dobbiamo prepararci sul serio e quindi troverete in questo piccolo libro non solo la storia del ballo, ma anche degli esercizi ginnici, respiratori e di rilassamento, delle strategie per essere invitati e come comportarsi correttamente in sala da ballo.

Ho lasciato alcuni termini nella lingua spagnola per farvi fare pratica della comprensione e ho nominato i ballerini di Buenos Aires, che ballano quotidianamente da almeno trent'anni, 'los Viejos Milongueros' (e 'las Milongueras').

Ho lasciato la struttura del libro 'confusionaria' com'è l'apprendimento del Tango, almeno del mio, e mi sono ispirata al sistema cinese dei 36 stratagemmi (per vincere la guerra e mi auguro che nel nostro caso diventerà: 'per ballare sempre'!). Spero che diventerete come me un vero vampiro tanguero, che al tramonto, ma anche già prima, si sveglia per nutrirsi di balli indimenticabili.

Il Tango è un ballo che coinvolge tutto: corpo, mente ed emozioni, a prescindere se lo guardiamo o lo balliamo, se lo amiamo o lo rifiutiamo. Semplicemente ci travolge!

Vi avverto perciò: dovete essere davvero coraggiosi!

Il Tango è balsamo per le nostre anime ferite, introspezione per le nostre emozioni, calmante per la mente e tonificante per il corpo. Il Tango è viscerale, diventa un'ossessione, una vera 'tanghite'!

E una volta che avremo trovato il Tango o meglio che il Tango avrà trovato noi, egli ci chiederà di cambiare, di trasformarci fisicamente, mentalmente ed emotivamente e di abbandonare ogni corazza protettiva per riprendere a vivere più leggeri e più liberi. Certo, i cambiamenti hanno bisogno di tempo e, vi avverto, prendete per piacere tutto il necessario!

Per un cambiamento fisico studieremo quindi l'anatomia del corpo e faremo degli esercizi per allenarlo (presi in prestito dai miei corsi di TaoYoga e di TaoFit).

Per il cambiamento mentale affronteremo il ritmo musicale ed i comportamenti sociali in sala da ballo.

E per permettere la trasformazione emotiva impareremo ad esprimerci immediatamente e senza vergogna mentre balliamo il Tango. Vi farò vedere, per distrarvi un po', qualche angolo di Buenos Aires, andremo in un ristorante o in un Cafè, parleremo anche di cosa mangiare e come muoverci in città, cosa dire e quando meglio tacere.

Vi presenterò alcuni personaggi importanti, in particolare il mio 'amico' Carlos Gardel, del quale si dice che ogni giorno canti meglio, anche se è morto nel 1935.

In ogni caso, già con il primo passo fuori casa verso la pista da ballo, la nostra vita comincerà a cambiare!

Particolarmente interessante mi sembra che l'inaugurazione del primo spettacolo di Tango, 'Tango Argentino', a Parigi nel 1983 coincida più o meno con il periodo della presa di coscienza della malattia dell'Aids e ho sempre pensato che forse da ora in poi era necessario conoscere più profondamente il partner.

Quindi il Tango ci dà la possibilità di stabilire un contatto sincero ed intimo nello stesso tempo? Perché no!

Inevitabilmente succederà!

II Consiglio
Prepararsi per il volo

Per volare in tutta tranquillità vorrei ricordarvi di mettere nella borsa da viaggio solo piccole quantità di prodotti liquidi e di creme, tutto il resto deve essere messo in valigia. Se vi mancano dei prodotti, specialmente i costosi profumi, comprateli nei negozi duty-free, saranno più convenienti! Per un volo transatlantico di parecchie ore avrete bisogno ovviamente dello spazzolino e del dentifricio formato viaggio e può essere utile anche un asciugamanino.

Ballerine ricordatevi degli indumenti intimi per un eventuale cambio, degli assorbenti e qualche fazzoletto di deodorante monodose che sono anche comodissimi per la milonga.

Per rimediare a qualche unghia sciupata, munitevi di una limetta in cartone, mentre il solito piccolo set per la manicure: pinzetta, forbicine e limetta, deve finire nella stiva. Eventuali medicine in versione liquida, indispensabili durante le ore del volo, devono essere dichiarate al momento dell'imbarco, mi raccomando!

Aiuto! Avete verificato, prima di comprare il biglietto, se il vostro passaporto è valido per almeno sei mesi dalla data di partenza?

Superato questo attimo di panico rivolgiamo di nuovo l'attenzione alla nostra valigia. Se soffrite di piccoli disturbi di circolazione sanguigna, portate qualche aspirina, che può andare bene anche contro un eventuale mal di testa dopo il volo. Nel caso di vene varicose chiederei però al medico curante di consigliarvi il medicinale più adatto. Un suggerimento a proposito della pesantezza alle gambe: visto che il volo dura 13-14 ore portatevi una pallina da tennis.

Ogni tanto mettetela sotto i piedi scalzi e rotolatela facendo forza, arrivati poi a Buenos Aires la potete usare nella medesima maniera per farvi un automassaggio ai piedi piacevolmente dolenti dopo tanto ballo!

Dei cerotti? Sì, anche questi vanno nella borsa da viaggio, non si sa mai! E, perché no, una mascherina per gli occhi così da riposare meglio durante il volo! Per spostarvi dal seggiolino al bagno potreste pensare di portarvi delle ciabatte da viaggio per evitare di mettere, nello spazio ristretto dell'aereo, le vostre scarpe normali.

Se soffrite di dolori cervicali vale la pena portare con voi un cuscinetto gonfiabile, che avvolga tutto il collo.

Vorrei avvisarvi che nell'abitacolo fa normalmente più freddo e quindi un foulard sarà utilissimo! Per prepararvi meglio al Tango potreste ascoltare un po' di musica già durante il volo, ma questo lo state sicuramente già facendo, vero?

E poi non avete mica dimenticato di munirvi di un libro, magari di Tango?

E il computer?

Se non l'avete lasciato a casa deve essere nel vostro bagaglio a mano, come anche le macchine fotografiche e la videocamera!

Vorrei tranquillizzarvi se viaggiate senza computer: ad ogni angolo di strada potrete trovare un punto Internet, cioè un 'locutorio', dove potete scrivere e-mail, 'skypeare' scambiando sorrisi con il vostro ricevente e telefonare 'all'antica' in tutto il mondo. (Ricordatevi del prefisso del vostro paese, spesso la prima volta lo si scorda per l'emozione!) Non costano nemmeno tanto e spesso sono aperti tutta la notte, in particolare sull'Avenida Corrientes.

Quello che dovreste avere durante il vostro soggiorno, assolutamente e a qualsiasi età, è una crema o un gel defaticante per le gambe, fa davvero miracoli! Se siete proprio delicati portatevi anche una crema per i piedi.

A chi soffre di capillari alle gambe e, magari durante la stagione calda, non vorrebbe mettersi i soliti collant, consiglio di affidarsi ad un body-make-up, trucco per il corpo, che tra l'altro non macchia i vestiti e va poi tolto con uno struccante.

Per poter caricare il vostro cellulare od altro, dovete portare *un adattatore di corrente*, in Argentina si usa il 220 V/50 Hz con due diversi tipi di presa.

Ovviamente fatevi a casa una fotocopia del passaporto, carta di credito, polizza d'assicurazione medica aggiuntiva e, se volete usarla anche della patente che deve essere internazionale!

In ogni caso se usate una macchina a noleggio controllate se è provvista del triangolo e dell'estintore obbligatori, e ricordatevi che siete tenuti ad usare le cinture (ovviamente anche nel taxi), e a non superare i 40 km/h in città e i 0,5/°°° d'alcool. Attenzione, sono molto severi!

Scrivetevi anche l'indirizzo della vostra sede diplomatica e il numero telefonico della polizia '101', dei vigili del fuoco '100' e delle autoambulanze '107'. Se volete denunciare un furto o un crimine, dovrete recarvi alla 'Comisaría de Turista', presente in ogni barrio, cioè quartiere della città.

Poi non dimentichiamo, specialmente con temperature esterne un po' basse, di portarci una buona crema per le mani! Ballando vi prendete le mani e se queste sono ruvide... vale anche per i nostri signori ballerini! Queste creme sono inoltre ottime come crema da scarpe e quindi consumatele per fare posto nella valigia per le scarpe nuove, CD ed altro, che sicuramente comprerete.

Con uno shampoo comprato sul posto potreste anche lavare gli indumenti intimi e le calze, insomma tutto ciò che anche nell'inverno si asciuga in uno o due giorni. Se avete questa possibilità fatelo, perché i ballerini porteños, sia donne che uomini, sono molto schizzinosi riguardo all'igiene...

Arrivati alla nostra meta tanguera passiamo quindi all'immigrazione (una volta, per poter uscire dal paese, si doveva conservare il foglio che vi davano all'ingresso, oggi invece ve lo ritirano subito e per ritornare a casa bisogna riempirne uno nuovo. Più comodo, vero?[1]), prendete la vostra valigia, cambiate i soldi al Banco Nacional Argentina, che trovate subito là. In seguito, potete cambiarli nelle banche, nelle 'casas de cambio' cioè agenzie di cambio o, ovviamente, nei terminali esterni tipo bancomat.

Preparatevi! Questa è l'Avenida Nueve de Julio...*

Per prendere un taxi, la miglior cosa è di puntare, nella hall, dritti dritti allo stand di colore bianco e azzurro della compagnia Taxi

---

[1] Se ancora viene fatto così...

Ezeiza. Il viaggio costerà intorno a 100^2 pesos incluso il pedaggio dell'autostrada e... per sicurezza sarete anche registrati con il vostro autista!

Siamo finalmente arrivati!

Nel caso che vi attenda invece un autista del vostro hotel, abbandonatevi tranquillamente sul sedile e godetevi la corsa dall'aeroporto alla città che durerà dai trenta ai quaranta minuti, secondo l'orario.

Vedrete inizialmente i casermoni della periferia e poi, sempre seguendo le grandi arterie automobilistiche (e quanto sono larghe!!), le strade alberate dei barrios, i quartieri della città, più centrali con le loro comode case basse.

---

[2] I prezzi possono naturalmente cambiare negli anni.

III Consiglio
Schiavi africani

Arrivati finalmente alla 'Mecca' del Tango, appena entrati in camera, avete due possibilità: o disfate la valigia o vi preparate per andare subito a ballare!

Vorrei invece parlarvi prima di tutto delle origini del Tango. Vi va?

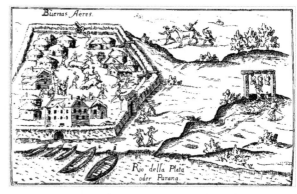

Buenos Aires poco dopo la sua fondazione nel 1536

Si parla sempre dell'Argentina come la terra degli immigranti, ma in realtà era già abitata dagli indios. Così nel 1516 gli indios della tribù Charrúa catturarono e sterminarono i primi conquistadores spagnoli guidati da Juan Díaz de Solís e naufragati sulla riva orientale del Río de la Plata[3]. Nonostante questo primo tragico tentativo il veneziano Sebastiano Caboto fondò il forte Sancti Spiritus, in seguito distrutto dagli indios Guaraní. Durante una successiva spedizione (partita dalla Spagna nell'estate del 1535) lo spagnolo Diego de Mendoza si rifugiò con buona parte della flotta in un porto naturale alla foce di un piccolo, insignificante fiume, il Ríachuelo de los Navíos (proprio quel Ríachuelo che rimarrà per lungo tempo collegato con il porto del quartiere La Boca). E qui, si capisce, siamo già arrivati al Tango. Vero?

Poi arrivò anche suo fratello Pedro che fondò poco lontano un modesto insediamento (siamo ormai nel 1536) che battezzò 'Ciudad del Espíritu Santo'. Iniziarono anche qui le prime ostilità, ovviamente con gli autoctoni, ed infine la popolazione di circa 350 persone scelse di ritirasi nel forte di Asunción (Paraguay), non prima di aver distrutto proprio tutto, liberando anche bovini e cavalli, per non fare trovare niente ai nativi (e ora sapete finalmente da dove deriva la bistecca che state mangiando forse, proprio ora, in un ristorante di Buenos Aires). Nel 1580 Juan de Garay fece un nuovo tentativo

---

[3] Río de la Plata: originariamente chiamato Paraná Guazú ovvero 'fiume come mare'. Un nome, per chi lo ha visto, quanto mai appropriato, mentre de Solís lo aveva battezzato 'Mar Dulce'

e infine registrò l'insediamento con il nome 'Ciudad de la Santísima Trinidad y Puerto de Nuestra Señora de los Buenos Aires' in cui vivevano in quel momento appena 63 persone!

Ora mi dovete davvero perdonare se salto alcuni secoli, sicuramente sanguinosi, non preoccupatevi però, ogni tanto nel corso di questo libro, inserirò ancora qualche ulteriore cenno storico, e se lascio da parte tutti gli scontri tra nativi e 'nuovi arrivati' come, ad esempio, l'episodio quando gli indios arrivarono a 10 leghe, cioè a 5O km, da Buenos Aires. Vi accenno brevemente che nel 1776 si creò il Vicereame del Río de la Plata. Finalmente, il 25 maggio del 1810, la città di Buenos Aires, sotto la guida di Manuel Belgrano, creò la Primera Junta de Gobierno (il prima Consiglio municipale) e il 9 luglio 1816 a Tucumán l'Argentina dichiarò l'indipendenza dalla Spagna.

Ritornando sulle tracce 'primitive' del Tango, troviamo ora nell'Argentina spagnola delle musiche allegre, intonate dai cantori popolari che si accompagnano con la chitarra, i payadores. Da questa musica si svilupperà in seguito la Milonga, una specie di Pre-Tango allegro con parole spesso trasgressive.

Incontriamo quindi un argomento tanguero particolarmente doloroso: ogni ricerca sul Tango scopre il contributo dato dalla popolazione degli schiavi africani, ma guardandomi intorno, in milonga, non vedo nessun loro discendente, infatti in tutti questi anni ho visto solo due ballerini con evidenti origini africane e quindi, come un segugio, mi metto alla loro ricerca. Sono stati completamente rimossi dalla memoria e non si parla neanche della loro quinta o sesta generazione!

A tutt'oggi viene negata a circa due milioni di cittadini argentini la loro identità ('en la Argentina no hay población negra'! – 'in Argentina non esiste una popolazione nera'!) o sono addirittura loro che mentono sulla loro origine.

Nel 1810 sembra che un terzo della popolazione porteña[4] fosse nero, mentre nel 'censimento razziale' tra 1966-1968 solo l'1,8% (cioè circa 4% della popolazione di Buenos Aires) dichiarò d'avere antenati africani per evitare povertà e disoccupazione.

E perché non dovrebbero farlo, visto che in molti hanno ormai, a causa dei vari 'rimescolamenti', una pelle chiara!

I primi africani arrivarono con gli esploratori e i conquistatori quasi subito dopo la seconda fondazione nel 1580, quella di Juan de Garay. Poco dopo

---

[4] Porteño: cittadino che vive nei quartieri vicini al porto di Buenos Aires e dalla fine del Novecento anche sinonimo per ogni abitante della capitale argentina

iniziò il commercio vero e proprio degli schiavi. Infatti, il tutto era molto conveniente e 'pratico': all'arrivo gli schiavi lasciavano libere le stive, che in seguito venivano riempite con pelli essiccate di animali bradi, buoi e cavalli, o più tardi d'allevamento!

Il traffico dovette davvero prosperare se pensiamo che ancora nel 1810 attraccarono ben 18 navi schiaviste nel porto di Buenos Aires! In questo periodo esisteva nelle città situate su entrambe le rive del Río de la Plata (cioè a Buenos Aires e a Montevideo in Uruguay) una grande comunità di schiavi neri.

Ma torniamo indietro, nel XVII secolo. In questo periodo le case più grandi della colonia spagnola furono quelle delle compagnie collegate allo smercio degli schiavi.

Così ad esempio nel 1720, venivano radunati, dopo lo sbarco, nel barrio Retiro, nella sua Plaza San Martín (la stessa dove troverete più tardi raggruppati gli emigranti europei 'volontari'. Ironia della sorte oggi questa è la zona più costosa della città vecchia) e nelle apposite baracche in Parque Lezama[5] del barrio San Telmo. Poi venivano venduti nei mercati situati all'angolo delle vie Belgrano e Balcarce, ma anche sotto i portici del Cabildo, il consiglio amministrativo coloniale, affacciato su Plaza de Mayo nel barrio San Nicolás.

Plaza San Martín*

Plaza de Mayo con la Catedral *e la Piramide, circa 1880*

Una volta venduti, se fossero rimasti in città, avrebbero vissuto principalmente nei quartieri aristocratici di San Telmo e Monserrat. Inizialmente venivano 'importati' solo uomini e quindi non si poteva evitare, anche se proibito, relazioni con donne indio.

Così furono 'importate' in seguito anche donne nere, iniziativa promossa dai Gesuiti. Infatti, nell'ultimo terzo del Novecento arrivarono molte più donne nere, apprezzate come domestiche e bambinaie, per farle sposare ed educare nella religione cristiana. Ora anche i loro padroni si 'mescolavano' con loro, cosicché la maggior parte della popolazione di Buenos Aires risultava mulatta.

Altri schiavi furono spostati lontano nella provincia povera, passando dai mercati di schiavi importantissimi come Córdoba, Tucumán e Salta, per essere venduti in Bolivia e messi a lavorare nelle miniere. Un esperimento che fallì per le temperature troppo rigide e quindi inadatte a loro, così vennero invece 'impiegati' nelle piantagioni di tabacco, cotone e canna da zucchero.

Non portavano con loro solo se stessi, ma anche la loro lingua, le loro credenze religiose e ovviamente il loro ballo, il Candombe, che, come vedremo, ha dato ritmo al nostro amato Tango e per questo dobbiamo studiare più intensamente la loro storia!

Si presume che nel 1810 la comunità nera costituisse già oltre il 30% della popolazione di tutta Buenos Aires e trovo particolarmente interessante, che tra gli anni 1776-1810 circa il 60% degli schiavi riusciva a riscattarsi da solo! Non mi chiedete come hanno fatto, non ho trovato nessun indizio! In ogni caso dal 1813 gli schiavi erano ufficialmente liberi, ma venivano pur sempre trattati da 'schiavi', domestici ed agricoli. Alcuni però lavoravano anche come piccoli venditori e tanti si arruolavano nell'esercito.

Ma dove sono finiti coloro che non vedo quasi mai ballare?

Coloro costituivano metà dell'esercito e venivano spudoratamente usati come carne da cannone nelle varie guerre: contro gli inglesi, nella Guerra d'Indipendenza, nella Guerra del Paraguay 1861-1870 e quella della Triplice Alleanza 1865-1870. Infatti, ancora intorno al 1900 la maggioranza degli ufficiali e sottufficiali dell'esercito erano afroargentini.

Morirono davvero durante la famosa epidemia di febbre gialla[6] del 1871,

---

[6] La febbre gialla è una malattia epidemica virale, anche mortale, trasmessa dalla puntura di zanzare infette. Si pensava all'epoca che fosse di origine africana portata nelle Americhe con il traffico degli schiavi (infatti si trova tra il 15° parallelo Nord ed il 10° parallelo Sud dell'America e dell'Africa). Provoca forte mal di testa e fa cambiare colore della pelle in giallo, ma potrebbe anche presentarsi come una semplice influenza. Si manifesta con febbre, brividi, bradicardia, cefalea forte, dolore lombare, mialgie varie, nausea e debolezza. Il quadro clinico sembra poi migliorare, ma il virus ha attaccato il fegato (da qui anche il nome febbre gialla) e provoca una grave insufficienza epatica e renale portando a convulsioni, delirio, coma e allo shock in stato terminale. Metà della gente dell'ultima fase muore, maggiormente i più giovani, entro due settimane dalla comparsa dei sintomi. La diffusione veniva provocata anche attraverso marinai ammalati, come avvenne nel 1849 a Rio de Janeiro e venivano colpiti agricoltori o coloro che lavoravano nelle foreste, ma anche chi viveva in città, vicino a fiumi, a fognature non coperte e così via.

che fece strage nel quartiere di San Telmo uccidendo un abitante su dieci della popolazione generale? In ogni caso dopo la terribile epidemia di febbre gialla rimanevano semplicemente nelle case padronali, ormai convertiti in conventillos ovvero in case comuni, dove in seguito vivevano insieme a tutti gli immigranti provenienti dall'Europa, ma questo avverrà più tardi e sarà tutta un'altra storia.

Insomma, le condizioni igieniche in questi conventillos erano davvero pessime ed anche di questo vi parlerò quando andremo a visitare gli immigranti europei. Ovviamente si contraevano tantissime malattie e le seguenti cure inadeguate riducevano di nuovo notevolmente la popolazione nera.

Un'altra causa della loro sparizione potrebbe essere dovuta agli assai frequenti matrimoni tra afroargentini, europei ed indios. Dal 1850 in poi essi venivano più o meno favoriti dal governo per creare una popolazione 'più bianca', per farli 'scomparire'. Infatti, ancora oggi la provenienza africana indica spesso in Sud America l'appartenenza alla classe sociale bassa.

L'ultimo capitolo della loro scomparsa veniva probabilmente scritto durante il periodo di Perón (intorno 1950), quando dovettero lasciare i conventillos di San Telmo, passando alle casettine di Villa Soldati, barrio nel sud-ovest di Buenos Aires, per essere trasferito alla città Evita[7]. Sparirono nella polvere senza lasciare tracce. 'Los primeros desaparecidos fuimos nosotros. Nos taparon.'- 'Noi siamo stati i primi desaparecidos. Ci zittirono.' si diceva sotto la dittatura militare!

Ma non solo questo li ha annientati: dopo aver chiarito la causa dell'alta mortalità infantile, dovute alle condizioni sanitarie disastrose, i ricercatori hanno voluto indagare sul perché dei bassissimi indici di nascita. Sicuramente i padroni di una volta non erano più interessati a far 'riprodurre' nuovi schiavi e quindi non favorivano più il loro ritrovarsi.

Gli uomini venivano spediti nella Pampa a lavorare come gauchos, cioè butteri, delle praterie sterminate della Patagonia settentrionale. Finivano nelle haciendas[8] o altrove, dove si mescolavano con delle persone di altre razze e colori.

A questo proposito basta guardare i quadri fatti nel 1770 per il Re Carlos III da Virrey Manuel Amat, in cui dipingeva i vari 'meticciamenti': uno spagnolo, ovviamente bianco, genera con una donna indio un 'meticcio'; il bambino di un meticcio con una donna indio viene chiamato 'cholo'; una donna

---

[7] Ciudad Evita cioè La Matanza Partido, Provincia di Buenos Aires, al nord-est di Buenos Aires Città

[8] Hacienda: fattoria

africana, magari della Guinea, e uno spagnolo criollo (cioè nato in Argentina) generano una prole 'mulatta'; un nero con una mulatta avrà un bambino 'sambo' e un nero avrà dalla sua donna indio un bambino 'sambo d'indio'.

Le donne afroargentine invece prestavano in città servizi domestici e quindi senza potersi incontrare, niente figli! Come reazione a questa situazione sembra che loro, gli schiavi neri liberati, avessero scelto deliberatamente di lasciarsi morire piano piano, d'estinguersi silenziosamente e senza replica!

Comunque, alcuni segni li hanno pure lasciati! Così nel lunfardo, lingua della malavita porteña che inverte l'ordine delle sillabe delle parole, usato anche nelle canzoni di Tango, possiamo trovare parole d'origine africana come, ad esempio, 'yeye' e 'yaya' per nominare i nonni.

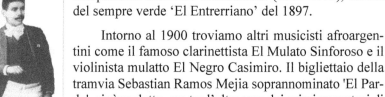

Atterrata all'aeroporto 'Eizeza', mi viene in mente Gabino Ezeiza, ovvero 'El Negro Ezeiza', musicista e payador afroporteño, nato a San Telmo nel 1858.

La marcia ufficiale dell'armata argentina (La Marcha de San Lorenzo) fu composto dall'uruguaiano Cayetano Alberto Silva, nero, nato da una schiava nel 1868.

D'origine afroporteño era uno dei primi musicisti di Tango, il pianista e compositore Rosendo Mendizábal (1868-1913), autore del sempre verde 'El Entrerriano' del 1897.

Intorno al 1900 troviamo altri musicisti afroargentini come il famoso clarinettista El Mulato Sinforoso e il violinista mulatto El Negro Casimiro. Il bigliettaio della tramvia Sebastian Ramos Mejia soprannominato 'El Pardo', cioè mulatto, era tra l'altro uno dei primi suonatori di bandonéon ancora prima che diventasse davvero importante per il Tango!

Gli Afro porteños avevano le loro chiese, scuole, club, organizzazioni e così via e perciò non ci deve meravigliare se fino nel 1974 la popolazione Afro argentina ballava, tra l'altro anche il Tango, nel loro famoso Shimmy Club, fondato nel 1922.

Per quanto diminuita, la presenza degli afroargentini ebbe un'importanza vitale nella musica e nel ballo dell'area rioplatense e non solo: ricordiamoci che in Argentina e in Uruguay ballavano e ballano ancora oggi il 'Candombe' e soprattutto nel Carnevale.

A Buenos Aires gli Afro porteños suonano in strada durante questo periodo il Candombe e si possono trovare dappertutto gruppi di musicisti.

Candombe, Uruguay 1870

Si tratta di una musica originaria del Congo che viene ballata in gruppo separati, staccati, simile alla Salsa, muovendo in particolare il busto. Lo possiamo ammirare all'inizio del film argentino del 1949 'Historia de Tango'. In seguito, compositori tangueros importanti, come Alberto Castillo (1914-2002), cantante e direttore d'orchestra, hanno contribuito al recupero e mantenimento di questa musica, ad esempio con la sua famosa Milonga-Candombe appropriatamente chiamata 'Baile de los Morenos'[9].

In ogni caso la accentuata ritmicità del Candombe ha sicuramente plasmato molto la forma antica del Tango, il Canyengue, che grazie alla generazione successiva dei ballerini di Candombe, nera e mulatta, si sviluppò in La Boca e a San Telmo.

Il Canyengue veniva ballato, dagli anni 1910/20 fino alla fine degli anni Trenta, con i suoi tipici movimenti laterali del busto abbinati ad eventuali torsioni, le quebradas[10], tipici per l'attuale Tango di Montevideo

---

[9] Baile de los Morenos
[10] Quebrada viene da verbo 'quebrar', cioè sfondare

IV Consiglio
Indios

Dopo avervi presentati gli afroporteños, vorrei ora parlarvi del destino della popolazione indigena, degli indios. Il loro passato rispecchia un po' quello che è successo in Nord America con le tribù dei pellerossa. I bianchi, dopo essersi insediati, semplicemente li hanno eliminati. Infatti, nei primi anni della colonizzazione spagnola gli indios, che si rendevano disponibili, venivano 'usati' come mano d'opera. Ma via, via i nuovi padroni si rendevano conto che essi non avevano i requisiti fisici necessari per svolgere dei lavori pesanti, come quelli ad esempio, nelle miniere di piombo, di zinco, di stagno e di rame.

Inoltre, le epidemie portate dagli spagnoli, come il vaiolo[11,] che periodicamente dal 1652 addirittura fino al 1879 flagellò il paese, li decimarono. Tra gli anni 1870-1884 sia al nord che al sud vennero praticamente sterminati in ben due spedizioni militari, grazie all'impiego di nuovi fucili Remington. E il nome del grande unificatore indio, l'invincibile capo guerriero, Calfucurá fu dimenticato. Chi invece era sopravvissuto, venne alla fine indotto a spostarsi nelle zone più inospitali del sudest del paese.

Mi fa veramente impressione leggere che il generale e dittatore argentino Juan Manuel de Rosas (1793-1877) frequentava insieme a sua figlia Manuelita il carnevale nero, mentre stava sterminando gli indios nella Pampa durante la sua famosa 'Conquista del Desierto' ('Conquista del deserto'; si intende per esso ovviamente la Pampa)!

Come si fa a trattare in modo così diverso due popoli? Forse non aveva perdonato l'uccisione di suo nonno da parte degli autoctoni. Ma sicuramente entra in gioco anche la sua insaziabile sete di terra e potere.

Come abbiamo visto nel caso degli ex-schiavi, anche gli indios si

---

[11] Vaiolo: malattia infettiva contagiosa, causata dal virus Variola Major (mortalità 50%) o Minor (mortalità 1%) che viene trasmesso per via aerea. Ha un tempo d'incubazione da 7 a 17 giorni senza sintomi, poi si manifesta con brividi intensi e febbre alta, malessere, ecc. Poi insorgono delle pustole ed in seguito queste si infettano e lasciano cicatrici permanenti e gravi in chi sopravvive, infine esistono pericoli di complicanze polmonari o cardiache.

'sposavano' frequentemente con dei bianchi, ovviamente soprattutto nelle zone campestri e nella Pampa.

Ciò distruggeva da un lato le loro tradizioni indios, ma dall'altro permetteva la loro 'integrazione' in questa società così nuova. Questo almeno è quello che ci vogliono far credere, ma per immaginarsi la verità ci vuole veramente poca fantasia: i militari avevano l'ordine di uccidere tutti, in particolare le giovani donne in età fertile a causa della loro cosiddetta enorme capacità riproduttiva. I bambini invece dovevano essere portati 'a casa ' per essere adottati ed educati nella fede cattolica e nel vivere 'civile'.

Più tardi si usò anche obbligare al servizio militare destinato alla frontiera la gioventù maschile di una tribù, o di mandare gli irriducibili sull'isola Martín García, a quell'epoca un'area punitiva, situata nel Delta del Paraná vicino al Río de la Plata. Basta guardare una mappa geografica per capire quanto è isolato! E se poi non fossero stati ancora buoni buoni, ci avrebbe pensato l'alcool, la tubercolosi ed il colera[12], ma di quest'ultimo parlerò più tardi, scusate.

Quindi non ci dobbiamo meravigliare quando leggiamo che, durante un recente censimento, si è scoperto che in Argentina esistono davvero poche persone d'origine india (5-10% in totale)!

Ma era realmente così, perché i matrimoni misti venivano incoraggiati sia dalla Chiesa che dallo Stato, per 'sbiancare' la componente di colore, cioè rossa, ed eliminarla…

Però proprio questi discendenti indios si prendono oggigiorno una bella rivincita su tutti: sono ritornati dalle zone più aspre del nord, in cui furono cacciati, a Buenos Aires e ballano tutto il giorno il Tango.

---

[12] Il colera è una malattia epidemica infettiva del tratto intestinale, causata da un batterio, con diarrea profusa e vomito. Si manifesta più facilmente nelle aree vicino ai fiumi o alla costa (frequente nei pescatori) e può essere anche sensibile all'aumento delle temperature. La sua trasmissione avviene per via orofecale, tramite l'ingestione di acqua o di cibi contaminati (ad esempio i molluschi consumati crudi o quasi). Le persone malnutrite, con malattie gastriche, sono più soggette ad ammalarsi. Il colera si manifesta, dopo uno o due giorni di incubazione, con diarrea insistente senza dolore, con una notevole disidratazione che spesso culmina in uno stato di shock ipovolemico. Le persone accusano sete, debolezza, ottundimento dello stato sensorio, ipotensione e tachipnea, cute e mucose asciutte, crampi muscolari causati dalla rapida perdita di potassio. La grave perdita di liquidi porta all'insufficienza renale e infine al coma e alla morte di circa metà delle persone infette non curate.

V Consiglio
Immigranti europei

Finalmente arrivano i 'nostri' ragazzi! Infatti, al primo impatto l'Argentina, Buenos Aires in particolare, sembra davvero molto europea e visto che circa 90% della popolazione proviene dall'Europa non c'è da meravigliarsene!

Per il Tango furono certamente incisive le varie ondate d'immigrazione europea. La prima avvenne più o meno dalla fine del 1700 fino all'incirca al 1850. Viene da chiedersi perché la gente si avventurava, lasciando tutto, in un paese così lontano, da dove difficilmente poteva ritornare. Le ragioni erano sicuramente dettate dalle insicurezze economiche e dalle carestie. A questo proposito vorrei ricordarvi che, ad esempio in Germania, come anche in Italia, si stava cercando d'unificare tante piccole regioni in un unico stato e quindi alcuni immigranti saranno anche stati 'profughi politici'. Il ritorno dei pregiudizi antisemiti, in conseguenza alle crisi economiche e politiche in Europa occidentale, e la serie di massacri collettivi, come i pogrom in Russia, nella quale, ancora nel XIX secolo non era permesso agli ebrei il possesso di terreni, erano invece le ragioni per una immigrazione 'religiosa'.

1900, Nuovo Porto di Eduardo Madero

In ogni caso la gente era povera, lavorava nei campi, nell'artigianato e cercava di salvarsi la pelle! Dopo l'annientamento della popolazione Indio, lo stato argentino invitava gli europei, desiderosi d'immigrare, a popolare le sue vaste terre, promettendo di tutto e di più e quindi loro erano sicuramente i benvenuti. Una volta arrivati, si rendevano però conto che le promesse paradisiache non erano corrispondenti alla realtà: le terre erano già divise tra i ricchi latifondisti e quindi erano stati truffati. Che cosa potevano mai fare a questo punto?

Ormai erano lì, i soldi erano pochi e pensare di ritornare era impossibile, così rimanevano e cercavano, arrangiandosi, di fare il meglio. Con il passar del tempo diventarono via via contemporaneamente stranieri nativi e nativi stranieri. Ma che vuol dire questo? Forse immedesimarsi in loro ci può aiutare a capire meglio il quadro psicologico di un'immigrante?

Arrivato nel paese straniero, l'immigrante si è lasciato dietro davvero tutto. Non lo sa ancora, ma mescolandosi per la prima volta con gli indigeni, se ne rende conto subito: aprendo la bocca non vengono fuori le parole giuste, ma altre, che lui conosce, ma che gli altri non conoscono. Nessun altro modo di comunicazione, nessuna possibilità di contatto se non il linguaggio dei gesti, le indicazioni fatte con le mani e le espressioni facciali.

Quest'ultime però non funzionano molto bene! Spesso non sembrano comunicare quello che uno vuole dire, non vengono capite, sono derise e ridicolizzate. Non solo non viene compreso il suo sforzo d'integrarsi bene o male in quel contesto totalmente nuovo, ma viene usato per alleviare il disagio che il nativo (in questo caso il 'criollo' ovvero colui che è nato nel Sud America, ma d'origine europea) sente per 'lo strano', lo straniero appunto. Infatti, nei teatri popolari argentini, le sainete, nacque un personaggio comico, il 'cocolicchio', che rappresentava una caricatura dell'italiano del sud: ridicolo per il suo modo di vestirsi, comportarsi e per la sua maniera di parlare il cosiddetto 'cocoliche' ovvero uno spagnolo storpiato. Venivano derisi e canzonati con soprannomi, come ad esempio 'tano' per indicare l'italiano.

L'immigrante non ha bisogno di capire le parole. Essendo diverso, altrimenti non sarebbe mai immigrato, attinge a capacità che vanno oltre l'intelletto. Ha sviluppato per la sua sopravivenza altri sensi e non si fa ingannare da sorrisini con cui vengono accompagnate parole offensive. Qualsiasi parola, mossa, atteggiamento, insomma qualsiasi espressione che riceve viene setacciata, controllata ed immagazzinata nel suo vissuto e nel suo cuore. Ciò che riceve ora, darà in futuro!

L'immigrante ha lasciato casa, famiglia, lingua, tutte le sue cose. E anche le memorie! Nessuno al di fuori forse di altri immigranti del suo paese, ceppo, lingua e così via, li conosce e così non ha nessuna possibilità di condividerle con altri e, magari attraverso questa condivisione, superare le barriere che esistono tra esseri umani. Isolamento completo! E così passano mesi, anni e decenni solamente nel crearsi delle memorie comuni con la gente del posto. Durante tutto questo tempo nessuna delle due parti saprà esattamente con chi ha a che fare: lo straniero fa vedere che cosa gli è possibile, secondo le possibilità che gli vengono date, e 'il nativo' spesso continua a deridere, pensando che l'altro non capisca grazie alla barriera linguistica, pretende una incondizionata integrazione e continua a vivere tranquillamente la sua vita.

Quando finalmente si sono creati ricordi comuni, spesso tutto sembra inutile: le ferite dei primi anni non si chiudono, forse i ricordi recentemente creati sono troppo banali, forse la perdita di ciò che ci si è lasciato alle spalle, non quella reale, ma quella immaginaria che con l'età potrebbe pesare molto, e quello che l'indigeno pensa d'aver fatto, non è mai bastato e non sarebbe mai bastato...

E forse qui troviamo un indizio per tutte queste canzoni del Tango così tristi?

Non l'aveva anche detto Enrique Santos Discépolo, ovvero Discepolín (1901-1951) uno dei più famosi musicisti e compositori di Tango, che il Tango è un sentimento triste che si balla?

Si è tentata la via dell'integrazione non tanto per sé stessi, ma soprattutto per i figli. Mandandoli a scuola, in un modo o in un altro, si spera che si siano integrati ovvero che li abbiano accettati. Sarà tutto sicuramente più facile se la religione del paese è la stessa dell'immigrante. Si innescano strategie da parte degli indigeni per portare la prima generazione immigrante nel grembo della propria chiesa, facendoli partecipi dei costumi e delle abitudini del paese ospite. Questa parola fatale 'paese ospite'! Il vero immigrante sa che non ritornerà in patria, non vuole essere 'un'ospite', vuole una casa, non gli importa della 'patria', almeno in principio e in epoche dove il ritorno 'in patria' era quasi impossibile, o di altre cose. Vuole vivere e basta! Chiede di essere accettato! Si accontenta spesso di pochissimo, ma vuole vivere!

Più si interferisce nel suo nucleo familiare, più si sente di nuovo minacciato: neanche lì potrà essere ciò che è o ciò che è stato una volta. Gli danno la caccia e non sa più come fare; allora costringe i figli a dargli la sua identità perduta. E pur volendo anche per loro la tanto aspirata integrazione, impone abitudini, per loro oramai 'straniere', del suo paese di origine.

L'immigrante con questo atteggiamento chiaramente schizofrenico fa crescere a sua volta nei figli un disagio fisico-mentale-emotivo. Ora il figlio deve decidere se vivere come immigrante nel suo paese di nascita o come nativo nella sua famiglia d'immigranti. E questa scelta non sarà né facile, né indolore!

Con la seconda generazione nata nel nuovo paese si arriva alla resa dei conti: in un caso l'immigrante si riduce ad una persona 'mitica', diversa, le cui memorie vengono accolte con più o meno interesse, ma che non sono più incisive. Se invece i figli si riconosceranno nell'identità perduta del genitore, questa seconda generazione avrà davvero difficoltà d'integrazione, quando per nascita dovrebbe fare già parte del 'nuovo' paese.

Sicuramente l'ultimo caso sarà più rassicurante a livello di ricordi per il nostro immigrante di una volta. Nel primo caso sarà invece fonte di nuova dolorosa nostalgia e di nuove umilianti domande sulla decisione presa allora d'immigrare. Egocentrismo nel secondo caso e umiliazioni nel primo caso.

Sicuramente non sarà una situazione felice!

Quando sei un immigrante meglio non aspettarti niente! Non sperare in nessun aiuto! Lascia perdere tutto come suggerito dalle parole di Discepolín nel Tango 'Yira, yira'. Vediamone magari alcune: 'quando sarai in mezzo ad una strada, senza meta, disperato, quando anche le scarpe avrai a pezzi cercando soldi, l'indifferenza del mondo che è sorda e muta allora sentirai. Vedrai che tutto è menzogna, vedrai che niente è amore, che al mondo non gliene importa niente…'

Enrique Santos Discépolo

Neanche la tua lingua nativa si salverà. Non vivendo più gli sviluppi linguistici del proprio paese, la propria madrelingua risulterà antiquata e quindi quando parli con chi è rimasto nel paese d'origine, lo sentirai usare espressioni non familiari.

Sei arrivato ora ad una linea di confine! Hai scelto dall'inizio di trovarti là! La tua scelta alla fin fine non è stata d'essere un immigrante, ma d'essere un frontaliere culturale. Se ritorni a casa non parli più come gli altri; se sei nel 'paese ospite' non hai la padronanza linguistica di chi è del posto. Puoi sforzarti quanto vuoi, la linea tra te e gli altri l'hai tracciata tu!

Così ti trovi ad avere due, anzi tre personalità: quella antica del tuo paese, quella nuova del 'paese ospitante' e quella tua propria: quella di una persona che si trova sulla linea di confine e vacilli in continuazione, spostandosi un millimetro di qua e uno di là.

Così l'immigrato si è appropriato della vecchia vivace Milonga indigena, le ha rallentato il ritmo e rese più serie le parole allegramente oscene (come si nota nei testi a sfondo sessuale di alcuni Tangos, come ad esempio 'Tocámelo que me gusta' di Prudencio Muñoz), ha  dato voce, da autentico immigrato, al Tango triste, appropriandosi del bandonion[13] teutonico, ormai abituato al girovagare in Germania in compagnia dei suoi minatori in cerca di lavoro.

Solo dalla seconda generazione, che si stacca spesso dal contesto familiare, sociale e culturale, come abbiamo già accennato, vedono la luce Tangos,

---

[13] Diventa poi in Argentina 'Bandonéon'

creati a dovere con una comune struttura musicale formale e arrangiamenti diversi secondo l'orchestra d'esecuzione.

Trovarsi in mezzo tra due mondi significa essere un frontaliere. Sei diventato un immigrante indigeno che allo stesso momento può essere anche un indigeno immigrato! Non sei più niente, cammini su questa linea e basta. Come succede con la lingua, così anche la struttura mentale ed intellettiva diventa, come già visto, duplice ovvero triplice. Domande come 'chi sono ' sarà opportuno evitarle: tu non sai rispondere e neanche gli altri, né quelli di una volta, né quelli nuovi. Nessuno lo saprà mai chi sei! Forse solo chi ha sperimentato la tua stessa sorte, potrebbe immedesimarsi in te, ma ogni storia è diversa e quindi non aspettarti troppa comprensione da parte degli altri immigranti.

Più o meno è stata così la situazione del 'primo' ballerino di Tango, che gli ha permesso di poter sfogare i suoi aspri sentimenti in modo positivo. Il Tango però è diventato, in seguito universale, conservando nelle successive generazioni di immigrati la sua tipica nostalgia. Nel Tango persiste per sempre un ricordo legato all'inconsolabile dolore della perdita!

Mi sono sempre chiesta da dove siano partiti tutti quelli che cercavano lavoro e benessere: tutti questi italiani, spagnoli, svizzeri, tedeschi, francesi, polacchi, tunisini, albanesi, russi, siriani, inglesi, per nominarne solo alcuni, e ovviamente anche da altri paesi del Sud America, come cileni, boliviani e paraguayani, di fede cattolica, protestante, ebrea e musulmana?

Genova era il porto più gettonato per gli italiani, Bremerhaven, cioè il porto di Brema, ed Amburgo per i tedeschi, Marsiglia e Le Havre per i francesi, Rotterdam per gli olandesi e così via. Partivano dunque dove ancora oggi si parte e si arriva. Quindi nulla è cambiato e non c'è niente di nuovo! Così tantissime navi approdarono al porto de La Boca tra il 1880 e il 1910, il quale, tra l'altro, si italianizzò molto, simili al barrio vicino, San Telmo...

La Boca, porto

VI Consiglio
Sistemazioni nella Buenos Aires di una volta

Arrivavano in maggioranza uomini giovani, magari uno per famiglia di un piccolo paesino. Una volta stabilitisi avrebbero fatto venire altri del loro nucleo sociale e familiare, come avveniva anche nell'immigrazione negli Stati Uniti. A quell'epoca vigeva in buona parte d'Europa il diritto di maggiorasco, cioè il primogenito ereditava tutto il patrimonio genitoriale e quindi tutti gli altri fratelli dovevano cercarsi un lavoro da qualche altra parte come artigiano, insegnante, ecclesiastico, soldato e, nel peggiore dei casi, come bracciante. Da qui nacque la necessità di spostarsi, cercando nuove terre!

Arrivavano quindi molti più uomini, ma anche le donne immigravano in Argentina, e vi chiedo: perché si spostavano anche loro? Anch'esse erano di solito giovani ed affrontavano la traversata, ad esempio per sposarsi con un cognato rimasto vedovo, un amico, un qualsiasi uomo celibe o per raggiungere il marito o altri componenti della famiglia, o erano ragazze madri che fuggivano e si fingevano vedove, come Berte Gardes, la madre del mitico cantante porteño Carlos Gardel (1890-1935).

Carlos Gardel

La traversata transoceanica lunga due mesi doveva essere davvero pesante, specialmente per chi non era abituato al mare: notti senza tregua, scandite dal vomito e dalle malattie e senza nessuna vera certezza d'arrivare a destinazione... Sicuramente già questo viaggio trasformava le persone ed in particolare le donne! Dovevano vivere in una promiscuità mai conosciuta prima, dormendo tutti insieme nelle stive delle navi con un solo boccaporto ogni centocinquanta posti letto ed usare latrine comuni.

E anche il non avere nessuna privacy durante il periodo del mestruo, creava sicuramente una situazione di grande imbarazzo. Non dimentichiamo i numerosi problemi d'emergenza sanitaria, come le varie epidemie di colera, di vaiolo, di varicella che aumentava, per chi portava i propri figli appresso, la paura. Inoltre, morivano, già in partenza erano deboli per carestie varie, anche a causa dell'affollamento, dell'umidità, del freddo e, ovviamente, della cattiva alimentazione.

Che cosa succedeva una volta arrivati a Buenos Aires con poco più di quello che si portavano addosso?

Dal 1853 delle società private, interessate alla colonizzazione finanziavano loro le spese del viaggio e del necessario per impiantarsi nel lotto da esse assegnato e subaffittavano delle case coloniche ai 'nostri' immigranti. Dal 1857 fu poi lo stato argentino ad istituire dei centri di prima accoglienza, i cosiddetti Hotel de Inmigrantes, dove i nuovi arrivati rimanevano più o meno cinque giorni, una settimana e dove venivano effettuati esami medici per ottenere l'autorizzazione all'ingresso nel paese. Il primo Hotel si trovava vicino al porto della città, al n° 8 della Avenida Corrientes, vicino al Puerto Madero.

Oggi, facendo angolo con l'Avenida Eduardo Madero 420, ospita l'ampio stadio 'Luna Park', originariamente pensato per gli incontri di box, ma oggi usati per varie manifestazioni sportive, musicali e politiche.

Luna Park*

Fino alla primavera del 1859 vennero ospitati, secondo Jorge Garrappa Albani della Redazione Argentina, 142 svizzeri, 70 spagnoli, 127 francesi, 64 lombardi, 10 belgi, 33 sardi, 8 prussiani, 2 olandesi e 6 toscani.

Malgrado il nome 'Hotel' le sue condizioni erano terrificanti e assolutamente inaudite. Dopo una certa permanenza in questi Hotel, la gente si spostava nei conosciuti conventillos. All'inizio dell'anno 1874 il Comune fece chiudere 'l'Hotel' nell'Avenida Corrientes e spostare gli immigranti, molte colpiti dall'epidemia di colera, nel cosiddetto 'Asilo Provvisorio degli Immigranti' nel barrio settentrionale di Buenos Aires, Palermo. Nelle sue casette di legno e nelle tende vivevano da dieci a trenta persone!

Pianta di Buenos Aires del 1888

A questo punto non ci resta che parlare anche un po' del colera (come se non bastasse già la febbre gialla)!

Forse l'epidemia di colera dell'estate del 1868 fu causata da una nave brasiliana, che scaricando i suoi morti nel fiume Paraña (che nei suoi ultimi

500 km attraversa l'Argentina e forma insieme con il Río Uruguay il Río de la Plata su cui si affaccia Buenos Aires) contaminò l'acqua potabile porteña. O forse furono i soldati della guerra tra Paraguay e Brasile, che al loro ritorno importarono la malattia?

Non si sa!

Ma non importa quale sia stata la causa. La popolazione, ormai contagiata, fuggì in campagna, a Flores (ci fa sorridere, vero, visto che oggi risulta così vicino al centro!), a Quilmes nel sud della Provincia di Buenos Aires, a Belgrano nel nord ed in altre località, mentre i dottori cercavano d'insegnare alla gente a combattere le condizioni igieniche precarie.

Dovevano assolutamente abituarsi a bere solamente l'acqua bollita, a cuocere tutti gli alimenti, a sotterrare i propri rifiuti ed a tenere puliti i pavimenti nelle case. Spesso questi erano semplicemente di terra battuta, mentre, se fossero stati di mattonelle, sarebbe stato più facile disinfettarli.

Ovviamente anche i giardini e le corti nel retro delle case, i cosiddetti patios, dovevano essere puliti, ma questo non era sempre così facile! Infatti, nel patio posteriore si trovavano i pozzi neri che raccoglievano gli escrementi e l'acqua sporca e vi si trovavano spesso anche i recinti degli animali domestici! Ma non finisce qui!

Casa Mínima, Calle San Lorenzo 380 l'entrata era una volta la porta di servizio di una grande casa aristocratica*

Una volta che il pozzo nero era pieno, si eseguiva una 'sangria', cioè se ne scavava un altro accanto e si faceva un travaso dal vecchio pozzo a quello nuovo coperto. Così i patios si riempivano via, via di questi pozzi 'nascosti' come era successo in una casa in calle Defensa a San Telmo, che 'ospitava' nel suo patio ben tredici vecchi pozzi occulti!

Innegabilmente era una vita particolarmente dura per le poche donne, che svolgevano il loro maggior lavoro proprio in casa, lavando, stirando e così via e non solo per la propria famiglia, ma anche per altre persone, in particolare per uomini soli, in questo caso facendosi pagare.

Durante il colera ed in altri periodi di situazione igienico-sanitaria disperata, il Comune spostò tutti gli immigranti alla Quinta Bollini nell'odierno barrio di Palermo Hollywood. Essendo vietata dai proprietari ogni modifica degli alloggi, i 'nostri' immigranti dovevano tutti i giorni, mattina e sera, trasferirsi a Palermo per mangiare. Ovviamente il colera li seguiva e così un gruppo di immigrati veniva mandato ancora più lontano in campagna.

Appena passata l'epidemia però, tutti potevano ritornare nel solito alloggio in Via Corrinetes n° 8. Che coraggio!

Naturalmente, via via che la gente cambiava, alcuni si spostavano nei conventillos di San Telmo, mentre dei nuovi arrivati prendevano il loro posto.

L'esodo degli abitanti non era ancora finito: alla fine del 1874 si dovettero trasferire in Plaza San Martín, in uno scantinato umido e buio con fognature puzzolenti, che fungevano da cortile.

Vi ricordate di questa piazza? Era proprio lì dove qualche anno prima erano stati alloggiati e poi venduti gli schiavi africani. Ora erano loro i nuovi 'schiavi' e dovettero rimanere in questo locale fino 1882!

Poi arrivò il momento di spostarsi all'albergo in Calle Cerrito, tra Arenales e Juncal, più o meno di fronte a Plaza San Martín sull'altro lato dell'Avenida Nueve de Julio. Era stato costruito per la Fiera Industriale ed Artística Italiana, che sarebbe poi stata ampliata nel 1884 che tra l'altro fu un nuovo anno di colera!

Inizialmente si parlò di spostare tutti a San Telmo, tra Paseo Colón, Balcarce, San Juan e Commercio, oggi Humberto I, ma la protesta della popolazione bloccò questo progetto e quindi i nostri immigranti dovettero spostarsi nella Exposición Rural e in alcune caserme vicine. Poi li fecero traslocare, specialmente in tempi di colera, in un albergo a San Fernando a nord di Buenos Aires.

**Hotel de Inmigrantes
'La Rotonda', circa 1900**

Dal 1887 vennero di nuovo trasferiti, tra le solite proteste del vicinato, in una casa nel borgo di Caballito.

Alla fine della primavera del 1888 tutti ritornarono in zona Retiro, nell'albergo 'La Rotonda', vicino alla stazione ferroviaria, che rimase attivo fino all'estate del 1911.

Tutte queste epidemie e tutti questi trasferimenti! Incredibile!

Ma non tutto il male viene per nuocere: in conseguenza di ciò la città venne modernizzata. Per non contaminare più la terra su cui erano costruite le case, fu assicurato un efficace sistema di drenaggio e un sano approvvigionamento d'acqua, debellando così il colera e la febbre gialla, tutt'e due causati tra l'altro da fogne a cielo aperto e fiumi inquinati.

Nel frattempo, i nostri immigranti trovavano lavoro, iniziando ad integrarsi e le successive generazioni poterono così lasciarsi alle spalle i barrios di prima accoglienza. Esperienza, come abbiamo visto, abbastanza drammatica data la convivenza forzata di tante nazionalità e lingue diverse.

Comunque, anche questo periodo, durante il quale essi avevano ballato sulla terra battuta nei patios del loro conventillo e nei loro Hotel de Inmigrantes, avrebbe, come vedremo fra poo, portato dei cambiamenti nel 'nostro' Tango.

VII Consiglio
Sviluppo del ballo, conventillos, bordelli e donne famose

Facciamo quindi finire i nostri immigranti, una volta sbarcati (ricordiamoci che tra gli anni 1869 e 1904 la popolazione in Argentina aumenta di cinque volte) non più negli affollati Hotel de Inmigrantes, ma nei conventillos, che essi condividono, come abbiamo già visto, con alcuni ex-schiavi.

Hotel des Inmigrantes oggi **Museo, Archivo y Biblioteca de la Inmigración*** Avenida Antártida Argentina 1355

Questi conventillos erano in principio dei palazzi residenziali, degradati appartenuti a famiglie dell'alta borghesia (alcune di loro erano state addirittura costrette dal Comune a lasciare le proprie abitazioni!) abbandonati durante la famosa epidemia di colera del 1871. Erano stati concepiti come un'unica abitazione ed avevano i servizi in fondo al grande cortile rettangolare con delle vasche al centro per lavare i panni e le persone.

Intorno al cortile si trovavano le stanze (proprio da questa disposizione architettonica nasce il nome 'conventillo', ovvero 'piccolo convento'). Non sempre si potevano chiudere le stanze con delle porte e così si usavano semplicemente delle tende. Dal cortile si accedeva al piano superiore attraverso delle semplici scale di ferro. Come avviene un po' dappertutto, quando si tratta di sfruttare i miserabili e gli indifesi, si cercava anche qui di affittarle a più persone possibile e così sappiamo che una stanza veniva occupata da un massimo di sei adulti ed ovviamente da tanti bambini. Chissà se anche loro facevano i turni per il letto, come succedeva nell'emigrazione negli Stati Uniti, cioè chi lavorava di giorno lasciava ad un altro affittuario il letto durante la sua assenza, mentre quest'ultimo, lavorando di notte, si doveva poi alzare verso sera per liberarlo? In ogni caso ci si trovava nel cortile per chiacchierare, per lavare panni e se stessi, per parcheggiare il carretto e sicuramente anche per ballare nella stagione asciutta.

Ma che cosa ballavano?

E qui vorrei farvi fare un salto nel tempo, per ricordarvi che ci sono stati anche altri balli a parte il Tango, che venivano ballati sempre in un abbraccio chiuso e che sono stati condannati dalla Chiesa e dai vari governi. Hanno suscitato in Europa tanto scalpore, tanto odio e tanto amore, insomma sentimenti che incontreremo di nuovo quando parleremo del Tango; ma mai nessuno avrebbe potuto fermare la loro marcia trionfale nei cuori (e nelle gambe) dei loro ballerini affezionati! Tutti questi balli hanno esaltato il concetto di coppia, in cui l'uno doveva davvero aggrapparsi all'altro per 'sopravvivere' nell'esecuzione del ballo.

Vediamo un po' ed iniziamo quindi con 'il' ballo nel Rinascimento, 'La Volta' (scusatemi se non mi inoltro nella polemica sulla sua origine italiana o franco-provenzale), per poi parlarvi del Valzer, che era l'ultimo grido al momento della prima grande immigrazione in Argentina. (Vi chiedo un secondo prima di rivelarvi che cosa c'entrano con il nostro Tango nascente, solo un secondo, vi prego!)

Ne La Volta (da 'volter' cioè 'girare') i ballerini si avvicinavano e non più divisi dallo spazio. Per la prima volta nella storia dei balli di coppia, si toccano mentre si trovano l'uno di fronte all'altra. È stato dunque il primo ballo che richiedeva la posizione della coppia chiusa, creando così 'la coppia' per eccellenza. È un ballo allegro, che richiede ai suoi ballerini un fisico tonico e prestante. Viene ballato girando su sé stessi, una volta a destra e una a sinistra, abbinandovi un salto.

Dal XV fino al XVII secolo troviamo dei riferimenti sull'indecenza di questo ballo. Infatti, per aiutare la sua dama nel salto, il ballerino doveva mettere la mano sinistra sotto la parte centrale rigida del corpetto di lei, l'altra posizionarla sulla sua schiena (spesso la mano finiva sotto il suo sedere!) e mettere la coscia libera sotto le cosce della ballerina. In parole povere le toccava il sedere e il pube!!

Scandaloso, vero?

'Il Duca di Leicester balla La Volta con la regina Elisabetta I', stampa

Il suo ritmo ternario (cioè 3/4) inoltre, era considerato da sempre dalla Chiesa un ritmo diabolico. Ups!, ma che cosa sto dicendo? Per indurre i ballerini a girarsi in modo naturale il ritmo ternario funziona meglio degli altri ritmi (poi vedremo che nel Tango tutto ciò verrà stravolto!). Girarsi produce uno stato di ebbrezza, di euforia, prima nei ballerini, poi nella coppia e quindi nel gruppo. Se poi ci mettiamo anche il salto, che iconograficamente viene abbinato alla morte ed alla resurrezione, diventa ovvio che veniva considerato dalla Chiesa come il tipico ballo sfrenato delle streghe, che danzavano davanti al diavolo. Si cerca di impedire la sua esecuzione con la scomunica e con multe salate. Ma questo non scoraggiava nessuno e furono in tanti a continuare in questo ballo frenetico e sensuale, perciò satanico.

Anche sulle origini del Valzer, ballo sempre con il solito ritmo ternario, vari paesi litigano tra di loro: la Francia, la Germania e l'Austria. Alle sue origini si crede che ci sia l'Allemanda (un ballo di coppia con abbraccio aperto), il Ländler ed il Dreher (balli ad abbraccio chiuso con eventuali salti). Il termine 'Valzer' lo troviamo poi dal 1754[14] e proviene dal verbo tedesco 'walzen', cioè 'rigirarsi'.

Con la Rivoluzione francese (1789-1799) e con la seguente occupazione delle truppe napoleoniche il Valzer conquistò poi tutta l'Europa. Infine, il suo successo durante il Congresso di Vienna (1814-1815) gli dette il nome più famoso: Valzer Viennese.

Particolare del dipinto 'Ballo a Vienna' di Wilhelm Gause, 1900

Qui la coppia volteggia a destra e a sinistra, strettamente allacciata, atteggiamento allora assai sconveniente. I ballerini fanno passi speculari e, stringendosi fortemente per resistere alla forza centrifuga dei giri, si fondono in un unico movimento, portando la coppia alla solita euforia. Nel 1804[15] i ballerini tengono addirittura sollevati e ben fermi sul petto della dama (su cui poi premono durante ogni piccolo movimento in modo lascivo) i lembi dei vestiti di lei e sembra che alle donne questo piacesse molto! Più liscio era il pavimento, più regolare avveniva il volteggiare e così, via via, scompariranno i salterelli ancora presenti.

Dopo aver sbirciato nel 'bagaglio di ballo' dei nostri immigranti, vorrei ritornare nel cortile dei loro conventillos! Ballare sull'aia obbligava indubbiamente alla scelta dei passi e quindi ci saranno state semplici camminate, camminate veloci (corridas), magari disegnando un quadrato, passi interrotti

---

[14] nella commedia di Josef Kurz e in seguito nel 1787 nell'opera 'Una cosa rara' di Vincent Martin nel 'Theater an der Wien'

[15] riferito da Ernst Moritz Arndt nel suo libro 'Reisen durch einen Teil Teutschlands, Ungarns, Italiens und Frankreichs' (Viaggi tra una parte della Germania, dell'Ungaria, dell'Italia e della Francia) del 1804

(cortes[16]) e qualche salterello. Ai piedi avranno calzato di sicuro delle scarpe malandate (il pavimento non adatto non induceva sicuramente alla spesa pazza per 'possedere' scarpe da ballo) oppure, secondo la stagione, ballavano a piedi nudi.

I primi Tangos si ballavano quindi sulla terra battuta, poi anche in strada, almeno gli uomini, e solo in seguito su piste ruvide.

Questo sviluppo dei passi secondo il pavimento spiega la presenza nel Tango dei salterelli e qui sarebbe utile guardarsi il film 'Tango' del 1933 dove possiamo vedere ballare il più famoso ballerino di Tango, José Benito Ovidio Bianquet ovvero 'El Cachafaz' (1885–1942) insieme alla sua ultima partner, Carmencita Calderón (1905-2005). Infatti, grazie alla lunga vita di Carmencita abbiamo delle testimonianze dirette sul ballo di una volta (nel canale YouTube si possono trovare diverse video)!

In ogni caso sapevano atterrare molto bene, dopo un salto, e la tecnica della guida maschile era molto ben sviluppata.

José Benito Ovidio Bianquet, 'El Cachafaz'

Ritornando nel groviglio dei conventillos, possiamo immaginare che i costumi sociali erano meno rigidi. Non vorrei ora dire lascivi, questo no, ma erano meno dettati dalle convenzioni e più dal mutuo soccorso o dalla lotta per la sopravvivenza. Un po' così dobbiamo immaginarci la nascita di ciò che divenne lo stile Apilado, stile di pura improvvisazione caratterizzato da un chiuso, stretto abbraccio frontale, l'espressione della consolazione e della trasgressione ballata. Abbracciarsi stretto stretto, sembra quasi naturale nella vita stipata delle case popolari, dove, tra l'altro, i bambini assistevano per mancanza di spazio e privacy, all'atto sessuale dei genitori. Perciò questo abbraccio non doveva poi apparire così tanto scandaloso...

Le ultime ricerche sembrano confermare, che il Tango non era affatto un ballo proibito, ma una volta evoluto fece sempre parte della società. D'altro canto, l'alta società, specialmente da quando non esisteva più la schiavitù, vedeva male tutte le feste popolari, perché causavano problemi per trovare personale durante il weekend, in particolare per le loro feste, ma anche per i primi

---

[16] La parola corte proviene dal verbo 'cortar', cioè tagliare, e consiste, al contrario del passo, nel tentativo di fare un passo senza spostare completamente il peso sulla nuova gamba portante. Sulla gamba, che ha iniziato il passo, rimane una buona parte del peso (almeno il 51%), mentre sull'altra gamba che si sposta viene trasferito, nel caso più esagerato, il 49%. Per evitare un maggiore trasferimento del peso, il movimento si attua con l'avampiede della gamba sul quale si sposta il peso, che si appoggia e rimanda velocemente il passo sulla gamba iniziale.

giorni successivi. Contrariamente alla popolazione dei conventillos, l'alta società considerava tutti i balli, dove la coppia ballava abbracciata, immorali ed osceni, quindi anche il Valzer ed i suoi derivati. Questi balli contenevano spesso passi come cortes y quebradas, che erano non solo tipici del futuro Tango, ma anche della Polca e della Mazurca di quell'epoca.

Vediamo ora un aspetto un po' più particolare che fa parte dell'iconografia tanguera di ogni spettacolo. Di solito si sente dire che il Tango è nato nei bordelli e perciò sarà utile parlare della situazione femminile a Buenos Aires.

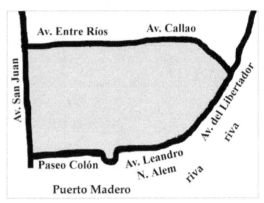

Di uomini ce n'erano tantissimi, donne molto meno. Si pensa che per ogni donna c'erano otto, dieci uomini!

È ovvio allora che la creazione di bordelli non solo veniva accettata, ma addirittura incoraggiata per proteggere le 'donne per bene'. Prima i bordelli si trovavano al porto, per poi espandersi verso l'entroterra in una zona definita dalle strade San Juan, Callao e Entre Ríos e la riva del Río de la Plata, cioè da Paseo Colón all'Avenida del Libertador. Una zona che nel 1908 veniva interdetta all'esercizio del mestiere più vecchio del mondo. Proprio in centro, dove oggi compriamo i Cd e gli altri accessori collegati con il Tango, nascevano quindi i primi bordelli, nelle strade Florida, Maipu, Esmeralda.

Agli affecionados del Tango può interessare sapere che dove oggi si trova la milonga El Beso (in Riobamba), una volta c'era un bordello e chissà se per questo l'hanno chiamato 'Il Bacio', e chi la conosce, sa che si tratta d'un ambiente minuscolo.

I bordelli in città erano in ogni caso molto piccoli (grandi non erano consentiti) e quindi non si poteva ballare, infatti solo in campagna era possibile ballare con le prostitute.

Le recenti ricerche sembrano confermare che i bordelli non avevano avuto un gran rilievo nello sviluppo del ballo o della musica e ripensandoci sembra anche logico: esistevano poche donne e tanti clienti e sicuramente non perdevano tempo con il ballo! Forse erano più gli uomini a cantare, per ingannare il tempo d'attesa, dei testi audaci e d'ispirazione sessuale, tipici non solo del Tango, ma di tutti i balli di quell'epoca come ad esempio Polcas, Mazurcas, Zarzuelas.

Calle Florida, 1920

Si sapeva che questa città era una specie di Sodoma e Gomorra! Nel vecchio continente, infatti, si minacciava le ragazze ribelli di mandarle a Buenos Aires! Si capisce anche che le prostitute dovevano lavorare il più possibile, perché spesso avevano da mantenere l'intera famiglia. Spesso il ruffiano era proprio il loro marito.

Certamente arrivavano anche delle donne di mestiere, perché sapevano che avrebbero fatto fortuna. Altre erano state vendute dalla propria famiglia ad intermediari, mentre altre ancora venivano intercettate direttamente al molo di sbarco. Tante lo facevano come unico mestiere, mentre altre come lavoro part-time.

Spesso poi i padroni si approfittavano delle loro domestiche. Sicuramente fare le lavandaie, le sarte, le venditrici di giornali o di viveri non permetteva loro di sfamare sé stesse, il marito e i figli e di mandare anche qualche soldo a casa. Varie ricerche hanno svelato che le donne consenzienti 'rendevano' meglio ed erano quindi da preferire! Lavoravano nei bordelli di piccole dimensioni massimo in due o tre o da sole, privatamente, dichiarate e quindi controllate dalla polizia e da medici o clandestinamente, rischiando in questo caso delle multe salate.

Per farsi un'idea di un ambiente lussurioso dedicato ad incontri clandestini, leggiamo il Tango del 1924 'A media luz' del violinista e compositore Edgardo Donato (1897-1963) e del poeta Carlos César Lenzi (1895-1963). Nella prima riga troviamo addirittura l'indirizzo: Corrientes 348.  Si è sicuramente trattato ancora della calle Corrientes, che è stata demolita insieme ai suoi varieté, solo negli anni Trenta per poterla allargare e farla diventare l'Avenida che conosciamo. Poi segue una meticolosa descrizione di come si svolgevano le giornate: nel pomeriggio tè con pasticcini, nella notte Tango e canzoni, domenica un pomeriggio di ballo intorno all'ora del tè, quindi alle cinque, e lunedì la pura desolazione causata dall'astinenza d'amore o forse anche di coca, a cui si fa cenno nel testo?

Ma ritorniamo al Tango! Per ballarlo la gente frequentava, dal 1870 in poi, delle academias (locali da ballo) o peringudines (bettole nella zona del porto), che non erano affatto bordelli abusivi. Spesso non avevano un permesso per suonare la musica e così mentre la parte anteriore del locale sembrava un normale café, nel retro si trovava una sala priva di sedie così tutti dovevano ballare e non intrattenersi solamente per vedere, insonorizzata con materassi appoggiati alle pareti. Questi locali non si potevano permettere d'ingaggiare dei musicisti e perciò sembra improbabile che la musica del Tango sia nata qui.

La presenza d'un organito (organino), che intonava ovviamente anche Tangos, invece ha aiutato molto il suo sviluppo e la sua diffusione. Un po' come succedeva per i nostri Jukebox: si doveva pagare per ogni brano.

Nella 'casa de baile' di María la Vasca, che alcuni ritenevano una donna di malaffare che avviava ragazze minorenni alla prostituzione, al numero 2721 di Carlos Calvo, si poteva ballare giorno e notte con le taxi-dancer femminili (a quell'epoca questa consuetudine era diffusa un po' in tutto il mondo, dall'Europa fino a Shanghai in Cina) bianche, nere o mulatte, pagandole tre pesos l'ora, ed ecco un'altra traccia su dove erano finiti 'los morenos', ovvero la popolazione afroporteña!

Queste ragazze venivano pagate con delle fiches, che in seguito il proprietario dello stabile cambiava in soldi. Visto che lo stesso metodo veniva usato nei bordelli è probabile che per questa similitudine si sia creato il mito che il Tango sia nato nei bordelli.

Calle Carlos Calvo 2721*

Se poi le ragazze arrotondavano lo stipendio intrattenendosi con i ballerini dopo la serata, questo di certo non era colpa né del ballo né del Tango in particolare. Nelle sale più mondane e costose si suonava il Tango ovviamente dal vivo, facendo talvolta accompagnare il pianoforte dal violino e dal flauto o dal violino e dalla chitarra.

Ed ecco i nomi di ballerine, che spesso sono state poi gestrici di sale da ballo e che sono rimaste celebri: La Gaucha Manuela, La Payaso, La Fosforita, La Parda Refucilo, La Parda Flora, Carmen Gòmez, La Vieja Eustaquia, la famosissima Rubia Mireya ovvero 'La Oriental' (cioè del Paraguay), che ha ispirato addirittura due Tangos: 'Rubia Mireya' del pianista e compositore Augusto Gentile (1891-1932) e 'Tiempos viejos' del paroliere Manuel Romero (1891-1954).

Altre donne famose sono state: Pepa la Chata, Lola la Petiza, La Mondonguito, La China Venicia, María la Tero, La Bruna Flora, La Parda Adelina, La Gringa Adela e la già nominata María, la Vasca. Nel baile di quest'ultima il pianista ufficiale era il 'nostro' afroporteño Rosendo Mendizábal, dopo che si era fatto conoscere suonando da La Vieja Eustaquia e da La Parda Adelina. Suonava anche nel lontano baile di Laura Montserrat (sulla Paraguay 2512, vicino all'angolo con l'Avenida Pueyrredón).

Paraguay 2512*

Le ultime ricerche portano a farci un'idea del tutto diversa sui compositori del cosiddetto 'Tango primitivo'. Sembra che non fossero affatto 'primitivi', ma anzi provvisti di un'educazione musicale e siano stati spesso degli innovatori delle sainete (ovvero operette popolari). Così Rosendo Mendizábal non solo suonava il pianoforte nei locali, ma insegnava musica grazie alla sua preparazione musicale, ma anche teorica!

La ragione per cui i primi musicisti del Tango morivano generalmente poverissimi era il fatto che non avevano salvaguardato i diritti d'autore dei loro brani permettendo così alle case editrici e poi alle case discografiche di sfruttarli senza pagare loro un soldo. Infatti, la grande quantità di spartiti di Tangos fanno presumere che già nel XIX secolo la società ricca avesse a casa di solito un pianoforte e perciò suonarlo non poteva essere vietato... solo ballarlo, come i compadritos[17], con cortes quebradas, questo sì che era proibito!

---

[17] Compadrito: forma burlesca del compare ovvero padrino

VIII Consiglio
Stili di Tango e locali popolari

Come la musica del Tango traeva origine e sviluppo da una contaminazione tra la Habanera cubana, le danze d'origine spagnola come il Tanguillo Andaluz, il canto dei gauchos e le musiche del vecchio continente, così anche il ballo seguiva questo schema.

Troviamo quindi delle semplici camminate, chiamate in seguito Tango Liso, dei passi girati sull'avampiede, ma anche salti e quindi motivi e passi, che si trasformavano in qualcosa di nuovo, appunto nel Tango!

Ora anche il Tango, insieme con La Volta ed il Valzer, suscitava qualche perplessità! Si diceva, che tutt'e tre creassero una vera dipendenza, che inducessero ad essere imprudenti e ad ammalarsi. Ma come mai?

Innanzitutto, tutt'e tre sono stati 'inventati' dal popolo, da persone che non avevano niente da perdere, i nostri famosi frontalieri, e dai giovani da sempre portati alla trasgressione ed alla sperimentazione. Venivano ballati da varie coppie contemporaneamente e così aumentava non solo l'eccitazione e il senso di trance personale, ma anche quella del gruppo.

Tutt'e tre i balli hanno avuto la fama di nuocere alla salute dei ballerini e hanno poi influito notevolmente sulla moda del tempo, facendo scoprire alle ballerine le gambe e mostrare vistosi decolleté. Inoltre, portando i ballerini ad allacciarsi in uno stretto abbraccio si è cambiato totalmente l'approccio tra i due sessi.

Ballare il Tango alla compadrito significava indurre la dama, che per l'epoca doveva tenere le gambe accostate, di eseguire le cortes[18] e le quebradas[19]. Ma perché questo era considerato scandaloso?

Ritorniamo allora ai conventillos, che fino al 1904 si trovavano nei barrios Monserrat, Balvanera, Constitución, Barracas e La Boca (affittando all'incirca 140.000 stanze in

---

[18] Aprire le gambe ed eseguire senza uno spostamento del 100% del peso e perciò del corpo
[19] un movimento con il busto verso il lato

2400 case!).

Nel corso dell'integrazione le varie generazioni degli immigranti si erano spostate via, via verso i quartieri settentrionali, lasciando posto nei conventillos ai nuovi arrivati. Chi si era spostato in periferia lottava quindi non più per la pura sopravvivenza, ma si voleva sistemare, farsi una famiglia, integrarsi del tutto e perciò il modo di ballare, il modo d'abbracciarsi e di comportarsi durante il ballo cambiò notevolmente.

Doveva cambiare per forza!

Chi avrebbe mai preso in considerazione qualcuno che si avvinghiava al partner di ballo come si faceva una volta, considerando anche che ora in sala da ballo erano presenti i parenti?

Ricordiamoci inoltre che in questo periodo si doveva indossare ancora il corpetto almeno ancora per un breve periodo e, avendo finalmente un po' di soldi da spendere, le ragazze lo indossavano, non permettendo più dei movimenti morbidi ed avvolgenti.

Quindi esistevano vari motivi perché l'appoggio tra i due petti dei ballerini esigesse una radicale modifica!

Nel quartiere Avellaneda ancora oggi si sposta la ballerina verso destra nell'abbraccio maschile formando una V orizzontalmente aperta, nel barrio Villa Urquiza si tiene la donna leggermente staccata, eliminando così la pressione tra la coppia.

Perciò si sviluppò via via il cosiddetto 'abbraccio aperto'. Già nel 1896 il giornale La Nación fa un riferimento ai vari modi in cui le coppie si tengono e si abbracciano ballando.

Nel 1905 possiamo leggere l'annuncio del primo ballo con Tango nell'Hotel Victoria, ma troviamo anche degli altri accenni se curiosiamo nei numerosi manuali didattici sul Tango tra 1910 e 1925, rintracciabili nell'Archivo General de la Nación. Possiamo trovare facilmente il bel Tango *'Gran Hotel Victoria'* composto nel 1932 dal *musicista* Feliciano Latasa, nato forse nel 1870, e corredato di parole dal poeta Carlos Pesce, 1919–1975. Possiamo presumere che era proprio dedicato all' hotel soprastante, *ma sembra che l'avessero scritto per quello di Córboda nella strada San Martín al numero 233.*

Nel manuale del 1916 di Nicanor Lima si apprende, che il Tango fa bene alla salute (finalmente qualcuno che alza la voce in difesa del povero Tango), grazie alla sua specifica postura diritta. Si danno inoltre dei suggerimenti per fare bella figura in sala ed ovviamente si insegna qualche passo basilare.

In ogni caso Lima, dopo il suo primo ritorno dall'Europa nei primi anni del Novecento (ormai questo ballo era diventato famoso ed era stato consacrato come ultimissima moda, un 'must' per tutti quelli che volevano essere 'in'!), volle rendere il Tango accettabile anche agli argentini senza nessun accenno di amoralità.

Quindi si permetteva alla coppia di avvicinarsi, senza però toccarsi! La sua versione del Tango risultò quindi 'castrata', meno vitale, irriconoscibile per le persone che lo avevano inventato e ballato da sempre nei barrios del centro.

Tango europeo, 1914

Non assomigliava neanche a quella degli immigranti in fase di integrazione socioeconomica e quindi senza cortes, nè quebradas, senza nessun 'avvolgimento' della ballerina intorno al corpo maschile, senza un appoggio; lo si ballava con una postura perpendicolare e con movimenti rigidi. Ovviamente dovevano essere eliminati tutti gli altri riferimenti al peccaminoso e compromettente passato, inserendo invece nel corredo da ballo, grazie anche ad ambienti con pavimenti meno ruvidi, il giro sull'avampiede, il famoso 'pivot'.

Negli anni Venti la classe sociale dei nostri immigranti in fase d'integrazione, di razza bianca ovviamente, cominciava ad interessarsi anche al ballo contemporaneo dei 'negros' (anche chiamato 'morenos').

Si tratta qui del Canyengue, sviluppatosi dal ballo africano Candombe ne La Boca e a San Telmo: gli immigranti lo modificano lentamente nel Canyengue Orillero, chiamato in seguito così perché veniva ballato negli orillas della città, cioè nella periferia e non più lungo la riva del Río del la Plata, dove i discendenti europei vivevano nei conventillos a stretto contatto con le famiglie meticcie formate da bianchi e neri o indios.

A mio parere non ne potevano più della semplice camminata! Infatti, nel Canyengue Orillero si ballavano di nuovo le cortes e le quebradas e non solo.

Parallelamente ai balli negli orillas e in quelli ufficializzati dal successo europeo, si andava formando però una 'subcultura', che manteneva in vita tutto quello che di provocatorio e di erotico veniva bandito dagli altri stili. Lo stile antico del porto e del centro, che in seguito lo potremo rintracciare sotto il nome Tango de Salón Apilado, veniva difeso e sviluppato da outsider, persone controcorrente, giovani e ovviamente da appartenenti all'alta borghesia in vena di trasgressione.

De Hansen/Da Hansen

Se vi interessa sapere dove si trovavano i locali alla moda, vedo se vi posso accontentare.

I locali per un pubblico elegante e ricco erano senz'altro 'De Maria, la Vasca' ('Da Maria...') e 'Lo de Laura' ('Quello di Laura'), che è stata immortalata con la milonga del 1943 'En lo de Laura' del musicista Antonio Polito (1898–1958) e del poeta Enrique Cadicamo (1900–1999). L'attore e ballerino Elías Alippi, 'El Flaco' (1883–1942) ballava sia da 'Lo de Laura' che da 'De Hansen', locale frequentato tra l'altro anche dal suo collega Francisco Ducasse, 'El Francés' (1878–1926).

Veniva di solito chiamato 'De Hansen', dal cognome del suo proprietario originale, Juan Hansen. Nel 1912 questo locale venne chiuso e demolito su richiesta del sindaco Joaquin de Anchorena, che esigeva per i suoi ricchi porteños un accesso migliore al velodromo! (La sua scoperta 'archeologica' veniva pubblicata il 26.12.2008 dal giornale porteño Diario Clarín.)

Nel barrio Palermo si trovava invece il 'Café Tarana', di fronte al Planetario sull'Avenida Sarmiento e Figueroa Alcorta, inaugurato nel 1877.

El Pabellon de los Lagos

Sempre a Palermo, c'erano anche il raffinato 'El Pabellon de los Lagos' (Il padiglione dei laghi) e il cafè 'La Paloma' sull'Avenida Santa Fé, dove nel 1910 suonava il bandoneonista Juan Maglio (1880-1934), Pacho per gli amici. Nel 1899 aveva debuttato nel cafè 'El Vasco' nel barrio Barracas, ma suonava anche da 'Garibotto' (Avenida Pueyrredón-San Luis) di, appunto, Carlos Garibotto, da 'Ambos Mundos' (Paraná, oggi Entre Ríos, vicino a Corrientes) e da 'La Morocha'.

Dopo aver lasciato il 'De Hansen', il flautista e poeta Luis Teisseire (1883-1960), si esibiva da 'El Kiosquito' unendosi poi alle orchestre di Rosendo Mendizábal e del pianista e compositore Alfredo Bevilacqua (1874-1942), che tra l'altro suonava anche da 'Maria, la Vasca'.

Angel Villoldo

Da 'De Hansen' e da 'De Laura' si poteva anche trovare il musicista, violinista, chitarrista, pianista e compositore mulatto Carlos Posadas (1874-1918).

Nel 1903 il Tango 'El choclo' di Angel Villoldo debuttò, suonato dal pianista José Luis Roncallo (1875-1954), nel ristorante 'El Americano' (nella calle Cangallo 966, oggi Tte. Gral. Juan D. Perón), che si trova vicino alla casa discografica pioniera Gath & Chaves, e nel bar 'Ronchetti', tra Reconquista e Lavalle, il musicista e compositore Enrique Saborido (1877-1941), che era anche un famoso ballerino, esordì con il suo evergreen, il Tango 'La Morocha'.

Calle Corrientes

Altri locali erano poi 'La Glorieta', 'La Red' ed 'El Velódromo'. Vicino si trovavano probabilmente anche dei cafès molto più semplici come il 'Royal' (Corrientes vicino Carlos Pellegrini, dove più tardi si sarebbe aperto il 'Tabarís'), 'La Turca', 'La Marina' ed il 'Café Concert'.

Tutta un'altra situazione si presentava per i locali del 'centro' della città! L'elegantissimo 'Armenonville', versione argentina di quello parigino nel Bois de Boulogne, fu inaugurato nel 1910 e si trovava dove oggi passa il traffico sulla Avenida del Libertador (a quell' epoca Alvear) e sull'Avenida Tagle.

Armenonville 1912

Si trattava di un edificio a due piani circondato da un giardino, dove al pianterreno si trovava la sala da ballo, tavoli e un piccolo palco, mentre nel secondo erano situati le stanze per piccole feste private. La specialità della casa, perché si trattava anche di un raffinatissimo ristorante, era 'el asado', la grigliata, d'agnello o di capretto. Qui suonava Juan Maglio, che gli ha dedicato il suo famoso Tango 'Armenonville' del 1912.

Per rendersi conto della sua importanza, vediamo un attimo la pubblicità del Ristorante Armenonville pubblicato nel giornale 'El Diario Crítica' del 12.01.1914: 'Diner y souper concert todas las noches. Con en concurso del dúo Adamis, La Trianita en sus bailes españoles, y aplaudidos cantores nacionales Carlos Gardel y José Razzano. Orquesta típica dirigida por Roberto Firpo' ovvero: 'Cena e concerto con cena tutte le sere. Con la partecipazione del duo Adamis, La Trianta con i suoi balli spagnoli e gli acclamati cantanti nazionali Carlos Gardel e José Razzano. Orchestra tipica diretta da Roberto Firpo (1884-1969)'. Mica male, vero?

Infine, vorrei citare il famoso 'Palais de Glace' (e se volete, ascoltate ora il Tango con lo stesso nome di Enrique Cadicamo del 1944), un edificio in stile francese inaugurato nel 1910 esclusivamente per il pattinaggio sul ghiaccio della classe ricca e famoso. Era inoltre famosissimo per il suo champagne.

Si trova ancora oggi nel barrio Recoleta, al numero 1725 della calle Posadas e ospita oggi il Palacio Nacional de las Artes. Comunque, ai suoi esordi aveva ospitato anche eventi con balli di Tango, suscitando non poche proteste da parte del vicinato. Solo dopo avere avuto la sua approvazione a Parigi, il Tango trovò il suo locale più chic nel 'Palais de Glace', dove nel 1920, il pianista e direttore d'orchestra Angel d'Agostino (1900-1991) suonò con la sua prima orchestra sia il Tango che il Jazz. Sul palco si esibirono tra altro anche il violinista 'Tito' David Roccatagliata (1891-1925) e il pianista e compositore Roberto Firpo con la sua orchestra. Visto poi che il violinista e compositore Julio De Caro (1899-1980) si era potuto salvare da una grave situazione economica suonando in quel locale, sappiamo anche che venivano pagati molto, ma molto bene!

Palais de Glace*

Mi viene in mente un'altra curiosità riguardo a Carlos Gardel: nella notte del suo compleanno tra il 10 e il 11 dicembre 1915 si trovava in compagnia di due amici al 'Palais de Glace', dove venne insultato e minacciato uno di loro. Tutti e tre andarono via di corsa con la macchina in direzione Palermo, inseguiti dalle macchine dei loro aggressori. A un certo punto si dovettero fermare e vennero raggiunti dagli inseguitori. A questo punto Gardel fece un movimento infelice, come se avesse con sé una pistola, così uno degli aggressori rispose sparandogli un colpo a bruciapelo nel torace a sinistra. In seguito all'ospedale venne giudicata impossibile l'asportazione della pallottola, che rimase nel suo corpo fino alla sua tragica fine in un incidente aereo e che facilitò l'identificazione della sua salma.

Dopo avervi fatto conoscere i primi locali importanti per lo sviluppo e la divulgazione del Tango, vorrei però ricordarvi che nelle serate non si ballava solo questo, ma anche tutte gli altri balli, come la Polca, la Mazurca, il Pasodoble, il Foxtrot, cosa che si può verificare dalle composizioni, fino negli anni Cinquanta, di vari famosi musicisti come Enrique Rodriguez, Emilio Fresedo, Miguel Villasboas, Antonio Bonavena, Francisco Lomuto, Francisco Canaro, Roberto Firpo, Julio De Caro, Juan D'Arienzo.

Infatti, oggigiorno nei salóns porteñas si balla nella tanda di milonga non solo sulla musica della Milonga, ma anche su Musica Caraibica, ovvero Cumbia, Swing e Chaccarera, un ballo folcloristico argentino allegro e vivace, che partendo dalle campagne di Buenos Aires, è arrivato fino alla città e ai cuori dei tangueros!

Siamo arrivati al momento in cui la nuova classe sociale ricca, cioè la classe media, volle distinguersi dalle classi inferiori.

Rifiutava perciò di ballare il Tango degli inizi, il Canyengue e il Canyengue Orillero e quindi dagli anni Quaranta in poi queste forme di Tango non vennero più ballate né suonate pubblicamente nelle milongas. Los Viejos Milongueros, discendenti da questa classe sociale, si rifiutano ancora oggi di ballare il Canyengue nelle sale da ballo e solo ultimamente lo fanno, ma esclusivamente per esibirsi.

Chiediamoci allora come si ballava il Tango di quel tempo!

Siamo arrivati finalmente allo stile che ancora oggi vediamo ballare, il Tango de Salón, cioè il Tango adatto per la sala da ballo. Ricordiamoci che ci troviamo ora negli anni Quaranta nei quali soprattutto la classe media frequentava le milongas.

Questo contesto socio-collettivo determina il comportamento danzante in sala proprio allo scopo di non disturbare gli altri ballerini: i tacchi rimangono rivolti verso il pavimento, lo chiamano 'bailar al piso' e le ballerine possono alzare i piedi solamente se rimangono nello spazio fisico della coppia definita dal braccio destro 'abbracciante' del ballerino e dalle due braccia estese della coppia.

Anche la velocità deve uniformarsi con quella di tutte le altre coppie in sala e quindi nessuna dovrà superare l'altra o arrestare il proprio movimento, bloccando tutti.

Dopo queste due regole fondamentali, il Tango de Salón lascia libero il modo d'abbracciarsi e così troviamo sia il famoso abbraccio stretto, tipico del centro di Buenos Aires, sia quello con uno spazio tra i ballerini, tipico ad esempio dei barrios Villa Urquiza e Saavedra o aperto orizzontalmente a V nella spalla destra maschile del barrio Avellaneda.

Esistono anche diversi nomi per i vari stili del Tango de Salón: lo stile 'rispettosissimo' degli anni Quaranta con semplici camminate e qualche incrocio, quello che avevamo già visto ballare sull'aia dei conventillos (vi ricordate?), viene chiamato Tango Liso.

Nel Tango Stile Confiteria e lo Stile Club, che prendono il nome dal luogo dove viene ballato, i ballerini ballano più o meno vicini. Possiamo chiamare così anche gli stili di Villa Urquiza, di Saavedra, di Avellaneda e naturalmente quello del centro di Buenos Aires.

Quest'ultimo stile di solito viene oggi chiamato Tango Milonguero Apilado ed è per definizione un Tango de Salón veramente porteño, infatti basterebbe spostarsi ancora oggi solamente qualche barrio più in là per verificare che non ballano affatto così!

E tutto diventa ancora più complicato... o forse no...

La storia continua grazie a contaminazioni con la danza classica, moderna e contemporanea, con i balli caraibici e le loro rispettive musiche e non dimentichiamoci del Jazz!

Con Ástor Piazzolla (1921–1992) iniziò una nuova era! Stravolgendo ritmi, musiche e combinazioni di strumenti creò qualcosa di totalmente nuovo.

Dopo l'ultima riscoperta mondiale del Tango negli anni Ottanta, nacque un Tango suonato da strumenti elettrici, sintonizzatori e percussioni e questo portò ad una nuova forma di ballo. Negli anni Novanta a Buenos Aires venne così creato dai ballerini Gustavo Naveira e Fabian Salas lo stile del Tango

Nuevo con tante figure e passi 'vistosi'.

Da questo stile si è sviluppato negli Stati Uniti il Neo Tango ed il Narco Tango, ballabile su musica Non-Tango. La sua caratteristica è la separazione della coppia con lo spostamento del partner fuori dall'asse comune dei due ballerini e con dei calci che sottolineano questo lasciarsi.

A Buenos Aires si possono ballare tutti questi stili, non preoccupatevi! Anche se vi devo avvertire che le sale dove si balla il Tango Nuevo sono davvero poche, appena appena tre: al Porteño y Bailarín, al Salón Canning e a La Viruta/Estrellas. Solo qualche serata è dedicata a questo nuovo stile, che di solito viene ballato da ballerini giovani e da turisti.

Vorrei però ritornare a quello stile antico del centro di Buenos Aires, al Tango de Salón alla maniera Apilado, dove la coppia si appoggia frontalmente con i petti, si abbraccia strettamente formando una espressiva V rovesciata e creando un asse condiviso tra di loro, in quello che viene chiamato semplicemente Stile Milonguero.

Qui non esiste un sovrastare dell'uomo rispetto alla sua partner, non esiste un casquè. I ballerini rispecchiano invece la situazione dell'immigrante e, contrariamente alla solita iconografia che ci viene presentata, per ballare il Tango hanno pari responsabilità, pari doveri e piaceri.

È questo stile antico, segreto ed intimo, sensuale e per niente 'addomesticato', dove si cerca il continuo contatto fisico ed emotivo e che ci è stato tramandato e conservato da persone controcorrente e trasgressive... sì, è questo lo stile che prendendovi per mano, vorrei farvi conoscere meglio!

IX Consiglio
Tanguero, Milonguero, Valsero

Alcuni concetti.

Con il nome 'milonga' si può intendere varie cose: o si tratta del ballo Milonga, veloce, spiritoso ed allegro, oppure della sala da ballo o anche della canzone cantata accompagnata alla payadores

Quindi direi di precipitarci subito in una sala da ballo, che ne dite? Non avrete mica paura, no? Non vi tremano mica le gambe, drizzatele al massimo, mi raccomando? Così i nostri sogni ed incubi si avverano, andiamo!

Alla sua prima uscita in milonga il principiante incontra una grande confusione. Poco prima a lezione, aveva imparato i primi passi di milonga e ora, volendo andare a ballare, si sta chiedendo se tutta la notte gli toccherà ballare solo su questo ritmo, tra l'altro veloce, e ovviamente non si sente per niente preparato. Quindi permettetemi di fare un po' d'ordine su con la chitarra. Quindi uno stesso nome può avere tre distinti significati. Aiuto!

Un'altro po' di confusione la facciamo sentendo parlare di 'milongueros'. Forse si tratta di ballerini che amano soprattutto la milonga?

Sentiamo cosa ci dice in proposito qualche personaggio importante!

Il pianista e direttore d'orchestra Angel d'Agostino (1900–1991) diceva ad esempio di sé che era sempre stato un milonguero, cioè amante del ballo nel vero senso della parola.

Angel d'Agostino, anni Quaranta

Da un lato ballava bene e dall'altro accompagnava con la sua orchestra i ballerini più in voga, come il famosissimo Casimiro Aín (1882-1940), ma anche 'El Mocho' (possiamo presumere che si trattasse di un certo Undarz, famoso nel locale 'Royal'), che Angel d'Agostino riteneva veramente 'cajetillo', cioè elegante nei movimenti.

Per D'Agostino il milonguero rispettava la melodia senza perdere quello che stimolava i suoi piedi a muoversi, cioè il ritmo.

Ora davvero rimbocchiamoci le maniche ed esaminiamo il termine 'milonguero': come già ci aspettavamo, si tratta di un ballerino che balla in modo eccezionale la Milonga! Lo stesso termine descrive però anche colui che frequenta in modo assiduo e quasi compulsivo la milonga, cioè la sala da ballo.

Visto che i salóns e clubs a Buenos Aires erano soprattutto notturni, la sua vita si svolgeva di notte con scarso rendimento lavorativo diurno e quindi scivolava via, via nell'emarginazione socioeconomica.

Il termine milonguero era quindi spregiativo, indicava colui che non fa nient'altro che frequentare le sale da ballo per stare con gli amici, per mangiare, bere e ballare e che di solito non aveva un vero lavoro. Viveva a spese degli amici o della famiglia, trattato un po' come un alcoolista o un dipendente dal gioco d'azzardo. Insomma, era considerato un poco di buono!

Il concetto del termine 'milonguero' cambiò totalmente significato con il rientro in scena del Tango dagli anni Ottanta in poi. Fu l'insegnante Susanna Miller che coniò il termine 'milonguero' per descrivere un ballerino, che balla secondo lo stile ad abbraccio chiuso, appunto lo stile Milonguero Apilado del centro di Buenos Aires, stile che permette di ballare il Tango in una sala da ballo piena, di ballare in milonga.

Lo stesso percorso l'ha fatto l'appellativo femminile 'milonguera': all'inizio si trattava di una donna, che frequentava continuamente le milongas, conduceva una vita notturna e forse si dava anche alla prostituzione per rimediare al suo conseguente ed inevitabile declino socioeconomico. Com'è avvenuto per il suo 'socio di ballo', il milonguero, il significato è ormai cambiato e indica oggi una ballerina che, ballando con uno stile appropriato, frequenta, comunque sempre assiduamente, le sale da ballo.

Oggi giorno 'milonguero' e 'milonguera' viene usato quasi come un termine adulatore per indicare che sei davvero capace di ballare, senza urtare gli altri ballerini, nei salóns di Buenos Aires e non solo.

Mi rimane ora un solo dubbio: questo cambiamento di significato avveniva anche fuori dal centro di Buenos Aires, in provincia e nei piccoli paesi? O là non è cambiato niente? Chissà!

In ogni caso occhio a questi due termini, non si sa mai fino in fondo come lo intendono, questi milongueros!

Esistono poi anche i termini 'tanguero' e 'valsero'. In un certo senso si tratta di creazioni linguistiche moderne, che si usano tra amici per indicare chi è più bravo ballare il Tango e chi è eccezionale nel Vals. Non essendoci una 'storia' riguardo ad un cambio del loro significato, i due termini si possono usare tranquillamente!

X Consiglio
Asse e postura

Ritornati dalla prima esperienza in milonga, come abbiamo visto confusionaria e bisognosa di tante spiegazioni, vorrei confessarvi che vedo il Tango Argentino Apilado come una metafora della relazione di coppia: ballando insieme sono intimamente connessi i due cuori e i due assi dei ballerini. Infatti, si reggono su quattro gambe e si abbracciano con quattro mani. Non per niente si dice che il Tango sia un animale, un animale a quattro zampe…

Prima di andare avanti, vorrei chiarire che, quando userò la parola 'energia', non intendo qualcosa di mistico, indefinito, ma una cosa molto corporea.

Perciò guardiamo dove possiamo trovare 'l'energia' in generale, iniziando magari con la musica, che induce il corpo a muoversi. A questo movimento si abbina poi la respirazione, che a sua volta stimola il cuore a battere con un certo ritmo.

Il battito del cuore, la sua contrazione, viene stimolato da un punto ben preciso nella parte superiore del cuore verso lo sterno, chiamato pacemaker, che agisce del tutto autonomamente. Il suo stimolo di contrazione avviene attraverso un'energia elettrica autoprodotta dal corpo stesso! Ed eccoci!

Siamo arrivati al punto, perché lì dove viene prodotta ed implicata un'energia elettrica, troviamo di conseguenza anche una sua emanazione circostante, un campo elettromagnetico, che mi permetto di chiamare semplicemente energia'.

Un altro tipo d'energia lo troviamo invece nel caso dell'appoggio–contro-appoggio, che avviene tra i due ballerini. Per rendere meglio l'idea vorrei invitarvi ad immaginare di muovere un carrello. Ovviamente spingerete il carrello secondo la resistenza che oppone e quindi con poca spinta non si muoverà e con troppa, vi trascinerà via senza che possiate controllarlo.

Anche nel Tango de Salón Apilado, dove i ballerini premono l'uno contro l'altro, esiste la stessa interazione tra i due pesi dei corpi. E ovviamente se balliamo bene insieme, siamo felici! Ecco un'altra energia! Abbiamo allora a che fare con l'energia creata dalla coppia di ballerini.

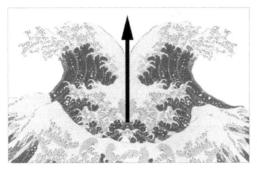

Immaginiamoci due onde marine che si incontrano, salgono in alto per poi scendere verso il basso (questo è tra altro un'ottima tecnica 'motoria' per ballare meravigliosamente i giri!).

Poiché i due sono appoggiati non solo 'virtualmente', ma proprio in senso corporeo, i ballerini saranno capaci di camminare con i piedi del partner. Ecco di nuovo il nostro animale a quattro zampe!

Inoltre, un partner potrebbe immaginarsi di 'trafiggere' con il suo corpo allungato, cioè con il proprio asse, il petto e il cuore dell'altro, comunicando mentre balla, una sensazione emotivamente interessante!

La perdita, deliberatamente voluta e cercata del sé, per potersi ritrovare non più solo ma insieme con un'altra persona, anzi nell'altra persona, è necessaria per questa unità che comprende corpo, mente ed anima ed è quindi fonte di emozioni.

Ripensando alla sala da ballo ed immaginando che tutti ballino in questo modo, i ballerini devono assicurare che il proprio ballo avvenga in modo sicuro per tutti, che nessuno faccia male a nessuno o ostacoli nessuno.

In tal modo ci si può lasciare andare a livello energetico, per diventare 'inevitabilmente' l'animale tanguero, ragione per cui per alcuni il Tango è divino e per altri diabolico! Quindi dobbiamo prepararci a questo incontro travolgente, che in un certo senso fa paura, che è imbarazzante, ma allo stesso momento intrigante.

Qualsiasi timore abbiate, non vi preoccupate: è stato per tutti sempre così! Ogni Tango innescherà in noi la stessa inquietudine, certamente voluta, ricercata, sperata, ma che rimane pur sempre un'inquietudine!

Difficilmente rimarremo ciò che eravamo dopo una tale esperienza! È per questa ragione che ritorniamo a ballare, sorpresi se incontriamo inaspettatamente il partner ideale (e per piacere, non ricercate in seguito una 'conferma' nel ballo a tutti costi!). In ogni caso calmate la vostra paura e buttatevi anima e corpo. Entrate nel corpo del partner, facendolo ballare e lasciate il vostro corpo aperto per essere, a sua volta, ballato da lui. Respirate tranquillamente, raddrizzate le gambe per poter controllare il tremore e dimenticate tutto il resto!

Però prima che pieghiate le ginocchia e mi caschiate a terra, che ne dite se parliamo un attimo del proprio asse e dell'equilibrio? Non si può mica appoggiarsi senza controllarlo! Altrimenti si peserebbe troppo sul partner e questo senz'altro gli farebbe passare la voglia d'invitarvi un'altra volta!

Mi rendo conto che con postura, asse ed equilibrio, in fondo si potrebbe intendere la stessa cosa. Per farmi capire meglio vorrei però affidare ad ogni parola un compito ben preciso. Così la postura potrebbe assumere anche una forma inclinata e non per forza una 'diritta', mentre l'asse deve essere per forza una linea diritta.

L'equilibrio, quindi, potrebbe essere la verifica di tutto: 'se non casco o oscillo incontrollatamente, sono in equilibrio'!

La postura ovviamente è importantissima: per tutto e non solamente per ballare il Tango! Quindi non ci resta che studiarla e definire meglio che cosa si intende con 'postura giusta'. L'unica cosa che vi posso già dire è che in ogni caso questa 'postura giusta', difficile da capire, ci permette di muoverci in modo naturale, con un dispendio d'energia minimo e aiuta il nostro benessere generale.

Quando ci si sente dire 'stai diritto', ci mettiamo subito nella posizione militare 'dell'attenti', cioè raddrizzando la schiena, premendo il petto in avanti e così stiamo appoggiati quasi esclusivamente sui talloni.

Oggigiorno la medicina intende la linea 'diritta', se mi permettete questa espressione un po' inesatta, non più all'indietro, sulla schiena, ma sul davanti. A questo proposito immaginiamoci di collegare la punta del naso, tramite una linea diritta, con la punta dei piedi.

Per ballare insieme basta ora semplicemente spostare il peso e l'asse, che fra poco conosceremo meglio, in avanti. In questo modo la schiena si allunga, mentre il petto rimane morbido per una respirazione rilassata e l'addome non viene spinto in fuori.

Ricordiamoci anche che ogni assetto errato produce di conseguenza un altro errore nella nostra postura e perciò forse non guasta definire un po' meglio cosa si intende per 'postura giusta ed ergonomica', cioè quella che ci permette di ballare a lungo nelle milongas!!

Innanzitutto, non esiste una postura che vada bene per tutti, esiste invece una postura personale, secondo le eventuali imperfezioni fisiche come un dislivello degli arti inferiori, problemi alle anche, scogliosi e così via. Nel caso ideale, il baricentro cade dalla cima della testa verso il centro dell'incavo del piede, in altre parole non dovreste essere in grado di muovere né le dita dei piedi né il tallone.

Le curve anatomiche della schiena (lordosi lombare, cifosi dorsale e lordosi cervicale) ci devono essere sia quando stiamo fermi sia quando ci muoviamo, perché ammortizzano il peso sovrastante. In tal modo i glutei sporgono indietro, mentre il petto e la faccia, il punto di riferimento sono il mento e il naso, vanno in avanti. La parte anteriore del bacino non si sposta in avanti, ma anche i glutei non devono stare troppo all'indietro, perché nel primo caso si appiattisce la lordosi lombare e quindi anche tutte le altre curve, e nel secondo la si aumenta notevolmente, con medesime reazioni nelle altre curve. Se le curve sono o troppo piatte o troppo curvate, l'ammortizzamento del peso e del movimento viene influenzata negativamente.

Foto con Patricia Müller - R.Torrini 1997

Ma ahimè! Se fosse così facile usare le parole! Quando si parla d'appoggiarsi al partner usare il termine 'postura' non funziona molto bene, mentre 'asse' si comprende subito. Forse la parola 'asse' ci suggerisce meglio il concetto di stare diritto?

Infatti, quando mi appoggio al partner, il mio asse, ovvero il mio corpo eretto, si inclina verso di lui, quindi il concetto della condivisione di un asse centrale viene compresa facilmente. Così vorrei intendere il termine 'asse' come sinonimo di 'postura giusta nel movimento'. Mi rendo conto che questa definizione può sembrare un po' sforzata, ma la trovo funzionale.

Definiamo un attimo meglio questo asse, così importante. Vorrei invitarvi ad immaginare, stando in piedi con le braccia alzate, di essere divisi per lungo in tre parti: due parti laterali che comprendono piede, caviglia, ginocchio, anca, spalla, braccio, avambraccio, polso e mano e una parte centrale che comprende il tronco, il collo e la testa. Ora spostate il vostro asse da un lato esterno all'altro, senza soffermarvi in mezzo e senza spingere la testa verso un lato. In questa maniera ci muoviamo, giusto?

Visto che la testa fa parte della sezione intermedia, diventa evidente che ballare con la testa appoggiata, invadendo un'altra sezione, distorce il nostro asse che nel ballare deve essere solo o a destra o a sinistra. Perciò vi chiedo di lasciare la testa sempre al centro.

L'equilibrio è quindi la verifica se il vostro asse esiste o no e se voleste sperimentarlo ulteriormente vorrei presentarvi qui alcuni esercizi:

Allunghiamo una mano in alto ed allineiamoci su questo lato. Muoviamo ora la gamba libera avanti e indietro strusciando in terra i piedi e non pieghiamo il ginocchio, perché questo interferisce negativamente sulla stabilità dell'anca.

Nella stessa posizione possiamo anche incrociare la gamba anteriormente o posteriormente (occhio a non spostare il vostro asse!) o rafforzare il nostro senso d'equilibrio allenandoci con altri esercizi...

In piedi, espiriamo mentre stendiamo la gamba ed il braccio dello stesso lato o di quello opposto. Dopo rilassiamoci inspirando.

Per incrementare l'equilibrio stando in piedi incrociamo le mani davanti al ventre. Mentre alziamo le braccia solleviamo un piede all'indietro ed espiriamo. Poi inspiriamo ed abbassiamo di nuovo il piede, mentre le mani scenderanno lateralmente per incrociarsi nuovamente davanti al ventre.

Possiamo anche allargare lateralmente le braccia ed alzare, sempre accompagnata da un'espirazione, una gamba.

Ricordiamoci che tutto serve per poter attivare ed allenare il senso d'equilibrio! Lo scienziato Steven Brown della Simon Fraser University di Burnaby, Canada, infatti ha scoperto che ballando viene attivata in particolar modo la zona celebrale chiamato vestibolocerebello (porzione più antica del cervelletto), importantissimo per il collegamento movimento–ritmo che si occupa appunto dell'equilibrio.

XI Consiglio
Anatomia applicata: arto inferiore (piede, gamba e coscia)

Visto che ci siamo, forse non guasterebbe studiare ciò che chiamo da sempre 'anatomia applicata', ovvero nozioni anatomiche con esercizi pratici (purtroppo so che divento assillante!). Useremo una fascia elastica che produce resistenza, sia nei movimenti di espansione che in quelli di ritorno. Questo fatto fa sì che un muscolo e il suo antagonista, cioè il muscolo responsabile del movimento opposto al primo, vengano sollecitati.

Come possiamo allenarci correttamente?

Per un movimento espansivo concentriamoci nell'allungare sempre le estremità: per allungare le braccia concentriamoci sulle dita o sui pugni; per le gambe, sui talloni. Così facendo non è possibile piegare e quindi forzare il polso e le caviglie, articolazioni assai delicate. Per il movimento di ritorno pieghiamo prima, per gli esercizi con le braccia, i gomiti, che devono puntare in basso e, per le gambe, le ginocchia. Ricordiamoci che proprio il movimento di ritorno sollecita molto di più un muscolo e se è fatto lentamente, l'effetto aumenta. Vorrei invitarvi a lavorare sempre in modo bilaterale: ciò che abbiamo fatto con un braccio, lo dobbiamo fare anche con l'altro. È assolutamente importante espirare durante l'espansione, mentre dobbiamo accompagnare il movimento di ritorno con un'inspirazione. Non dimenticatelo, vi prego!

'Bailar al piso' ovvero lasciare il piede in terra mentre si balla!

Iniziamo quindi con qualche accenno ed esercizio riguardante il piede... o sarebbe meglio parlare di scarpe? In ogni caso un tacco, in particolare della scarpa femminile, basso e largo aiuta a tonificare la muscolatura dei polpacci, cosa super-importante per poter ballare a lungo e senza affaticarsi troppo, e consiglio perciò a tutte le ballerine di tenersi di riserva un paio di questo genere per le lezioni o gli stages.

I vostri piedi vi ringrazieranno sicuramente!

Se vi capita di volare a Buenos Aires e questo vale sia per le ballerine che per i ballerini, fate una spesa pazza e compratevi delle scarpe, magari anche più di un paio. Spesso ve le faranno su misura rispettando le diverse forme dei piedi: il tipo greco in cui il secondo dito è il più lungo, quello egiziano in cui è l'alluce ad essere il più lungo e il tipo quadrato in cui tutte le dita hanno la stessa lunghezza. Ballare con delle scarpe che non vi fanno mai male, è davvero un'esperienza magica (ve lo giuro!).

Ma ritorniamo al famoso 'bailar al piso' dove i piedi devono appoggiare in terra, sempre! Evitiamo perciò di sollevarci eccessivamente sull'avampiede, cosa che tra l'altro produce dei calli dolorosi sulla pianta del piede e porta ad infiammazioni metatarsofalangei, che a loro volta 'chiudono' rapidamente una 'carriera' nel ballo.

Il passo in avanti fatto con il tallone spezza il nostro asse: di conseguenza dobbiamo piegare il ginocchio (e saranno guai per il menisco!) ed assumere un'iperlordosi lombare (con ovvii dolori in zona!) sporgendo il gluteo posteriormente e la pancia in avanti. Inoltre, si rischia di pestare il piede del partner e questo lo dobbiamo evitare assolutamente, se vogliamo essere invitati di nuovo!

Il passo all'indietro, se viene eseguito con l'avampiede, fa alzare il tacco e non si saprà mai su quale piede altrui si atterrerà e poi di nuovo fa piegare le ginocchia con i guai di cui abbiamo già parlato.

E poi una cosa davvero importante: se non appoggiamo il piede in modo corretto, non riusciamo a creare la forza propulsiva per il passo successivo e quindi ci stanchiamo facilmente. Inoltre, il passo non avviene nel modo e nella direzione naturale e la velocità del passo risulta forzata e come non potrebbe essere altrimenti, l'asse è ormai perduta. Cercando con i piedi sempre il contatto con il pavimento, si 'aggiustano' muovendosi anche le caviglie e questo evita che si gonfino anche dopo varie ore di ballo!

Proprio per le caviglie ho qui un esercizio con l'elastico. Per la piantaflessione del piede, ottima per il riscaldamento delle caviglie, siamo seduti in terra con le gambe distese ed i piedi puntati in alto. Facciamo passare l'elastico sulla parte anteriore del piede e prendiamone in mano le estremità. Il busto rimane eretto, mentre allunghiamo le punte dei piedi, facendo una piantaflessione.

Guardiamo ora le gambe...
Esse rappresentano la parte inferiore del nostro asse e sono inoltre la parte propulsiva, l'elica, della nostra 'nave di ballo ', perciò devono essere relativamente diritte e non iperestese all'indietro!

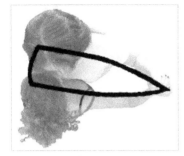

Con 'nave di ballo' intendo l'insieme della coppia: ogni partner ne forma un lato e l'abbraccio costituisce quindi il corpo vero e proprio dove le mani congiunte fungono da prua e l'altra parte rappresenta la poppa.

In ogni caso le gambe devono essere toniche! Attenzione però!

Specialmente nel passo in avanti bisogna combattere, come abbiamo già detto, la tendenza a piegarle: è antiestetico, pericoloso per il ginocchio ed inoltre induce a tirare inevitabilmente, il partner verso sé stessi, interferendo così sul suo asse con conseguenti problemi nella guida e nel seguire. Perciò teniamo le gambe diritte senza irrigidirle, altrimenti si irrigidirebbero anche le anche, cosa senz'altro da evitare, se vogliamo ballare 'liberamente'!

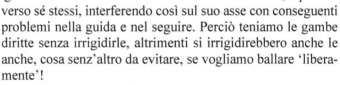

Le gambe diritte proteggono senz'altro le ginocchia da forzature sul menisco e permettono di girare sull'avampiede senza sforzo. Per trovarsi automaticamente con le gambe diritte, possiamo appoggiare tutto il tacco e premere verso il pavimento. (Scusate se insisto, ma ricordiamoci che ogni piega produce, per mantenere un certo equilibrio statico, una contropiega!)

Possiamo a questo proposito immaginare di far 'scorrere' la linea di forza sul retro del nostro corpo verso il basso, il tallone.

Un'altra possibilità è d'immaginare una linea diritta che collega la cima della testa, zona fontanelle, al tallone. In questo caso anche il nostro baricentro sarà in posizione ideale per permetterci di ballare con un'altra persona.

Guardiamo insieme un'altra tavoletta anatomica, vi va?

Anteriormente troviamo quattro muscoli che sono importanti per poterci dare la giusta spinta nel passo e nell'adduzione della gamba, in quanto più mediali. Muovendoli riscaldano inoltre le caviglie che così risultano protette da possibili infortuni.

Sono in generale importantissimi per ballare il Tango, in particolare per le decorazioni danzate dalle seguidoras, ovvero delle ballerine: il tibiale anteriore e l'estensore lungo dell'alluce.

Per i passi laterali e per ballare giri spettacolari con grande apertura del bacino sono responsabili invece l'estensore delle dita e il peroniero terzo, chiamato anche anteriore o lungo.

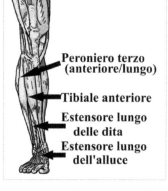

Ma ritorniamo di nuovo alle gambe da tenere ben diritte, altrimenti il corpo diventa pesante e il ballo risulta perciò stancante per ambedue i partner. Inoltre, risulta impossibile una connessione energetico-motoria a livello del petto, se piegando le ginocchia si risponde con una incurvatura del petto. Gli esercizi sottostanti tonificano quindi questi muscoli, migliorando ovviamente anche l'asse, l'equilibrio e la postura.

Con questo esercizio gli estensori della gamba diventano forti e non cedono più ballando!

Siamo di nuovo seduti in terra con le gambe distese e l'elastico sistemato sulla parte anteriore del piede. Ora le ginocchia salgono piegandosi e poi, mentre estendiamo le gambe, scendono di nuovo.

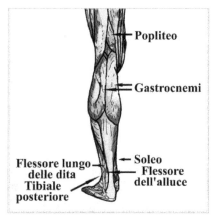

Proseguiamo e troviamo posteriormente nella gamba i muscoli, i due gastrocnemi, il popliteo e il soleo necessari per la sua flessione, che devono essere veramente tonici, per ballare la Milonga con traspies.

Questi muscoli ci permettono piccoli calci all'indietro durante una esibizione di Milonga (non fateli in sala da ballo, pensate ogni tanto alle calze delle altre ballerine, d'accordo?).

Vista la grande quantità di muscoli intorno al tendine d'Achille: tibiale posteriore, flessori lunghi delle dita, flessore dell'alluce, si capisce perché dobbiamo evitare gli infortuni in questa zona: sarebbero troppi i muscoli che ne soffrirebbero!

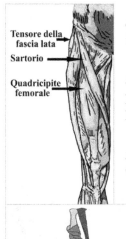

I flessori della gamba vanno tonificati in ogni caso, perciò sediamoci in terra con le gambe distese e il busto eretto.

Annodando l'elastico facciamo un cerchio intorno ai piedi. Mentre un piede rimane in posizione perpendicolare con la punta in su, avviciniamo l'altro piede verso di noi, piegando il ginocchio.

Stendendo il ginocchio, la gamba si distende di nuovo.

Per rinforzare il ginocchio e i muscoli della gamba sdraiamoci ora supini e passiamo la fascia elastica sulla pianta di un piede. Prendiamola con due mani ed espirando allunghiamo la gamba in alto.

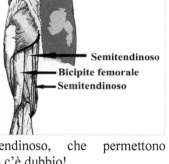

Proseguiamo con l'esame della coscia. Salendo posteriormente lungo la gamba incontriamo ora i muscoli estensori: bicipite femorale, semimembranoso e semitendinoso, che permettono un'andatura diritta e fiera, non c'è dubbio!

Per migliorare la flessione della gamba sediamoci su una sedia e flettiamo una gamba alla volta all'indietro.

Sembra strano ma più tempo ci eserciteremo in questo movimento, più le gambe risulteranno diritte.

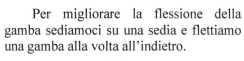

Anteriormente troviamo invece l'estensore della gamba, cioè il muscolo quadricipite femorale, che dà la maggior forza per muoversi in avanti. Attenzione però a non stressarlo, piegando troppo spesso il ginocchio, perché potrebbe risentirne!

Anteriormente e lateralmente c'è l'abduttore della coscia, ovvero il muscolo tensore della fascia lata, che è responsabile del mantenimento di una linea bellissima e diritta data da gamba, anca e spalla e che fa tenere le gambe vicinissime. Un must per le seguidoras del Tango Milonguero!

Sempre anteriormente passa, partendo dall'alto della coscia e passando in diagonale verso l'interno del ginocchio e diagonalmente, il muscolo sartorio, che permette un movimento assai complicato: fa accavallare una gamba sull'altra, quindi fa flettere sia la coscia che la gamba, movimento che facciamo ad esempio in una 'sentada', cioè quando ci sediamo sulla coscia del nostro ballerino.

Il sartorio inoltre extraruota e abduce il femore ed è il muscolo delle gambe più a rischio in caso di cattivo uso, quindi trattiamolo bene!!

Sediamoci ora su una sedia e stendiamo una gamba alla volta. L'abduzione della coscia tonifica la parte esterna e interna della coscia e questo non guasta mai!

Seduti con le gambe estese leghiamo l'elastico intorno ai polpacci e allarghiamo, espirando, le gambe contemporaneamente.

Guardiamo ora l'interno della coscia:

Ci troviamo i muscoli adduttori, che ci consentono di tenere le gambe ravvicinate e ben allineate e che danno questo tocco particolare alla camminata tipicamente porteña (gracile e adduttore lungo).

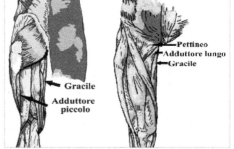

Lavorando sull'adduzione della coscia notiamo che gli incroci miglioreranno notevolmente e non solo quelli delle ragazze!

Sediamoci quindi con le gambe estese e leghiamo l'elastico intorno ai polpacci. Ora espirando alziamo leggermente una gamba e la incrociamo sopra l'altra.

XII Consiglio
Scarpe

Ma ora basta studiare, vero?
Facciamo qualcosa di divertente: lo shopping!!

Finché il cambio rimane così favorevole[20] come è ora, dobbiamo farlo, giusto!?

Sicuramente ci interesseranno le scarpe e quindi compriamo dal giornalaio una Guia 'T' de Bolsillo Capital Federal di Buenos Aires ovvero la pianta della città, che contiene tutte (!) le strade urbane.

Per spostarvi velocemente e facilmente, prendete la metropolitana, cioè 'el subte', inaugurata nel 1913. Il biglietto, molto economico, si fa direttamente prima d'accedere ai vagoni.

Nelle stazioni delle sue linee più antiche, prendendo magari la linea C da Retiro a Constitución, tra l'altro inaugurata inopportunamente nel giorno del funerale di Carlos Gardel, il 5 febbraio 1936, potrete ammirare dei 'murales' in maiolica, mentre in quelle più recenti i murales sono dipinti da famosi artisti argentini.

Prendendo quindi la linea B, da Leandro N. Alem a Los Incas e scendendo alla fermata Carlos Gardel, siete arrivati, cari tangueros, in una delle famose zone di 'zapatos', ovvero scarpe! Un'altra zona si trova lungo le strade Florida e Suipacha e quindi in pieno centro!

Volendo invece vedere la città durante i vostri spostamenti, prendete l'autobus, 'el colectivo'.

---

[20] Quando sono stata la prima volta a Buenos Aires il cambio era, ancora in lire, più o meno 2.000 lire per un Peso e quindi, per potermi permettere di andare a ballare, dovevo fare economia stretta, stretta e perciò: niente acquisti!!

1920, Calle Leandro Alem

Ah sì! Dimenticavo di avvisarvi che a Buenos Aires la maggior parte delle strade sono a senso unico, cioè una va in una direzione e quella accanto nell'altra e quindi se avete preso un bus in una strada al vostro ritorno dovete scendere in quella accanto. In ogni caso non preoccupatevi, sono descritti meticolosamente in fondo alla vostra pianta della città. Il biglietto si fa direttamente nel bus dicendo all'autista la vostra direzione, per sapere quanto dovete mettere nell'apposita macchina, perciò tenete pronti degli spiccioli!

Allora andiamo a comprare le scarpe! Scrivervi qualcosa sulle scarpe è davvero difficile. Secondo lo stile che ballate possono cambiare davvero tanto. Gli stili moderni permettono ad esempio una scarpa comoda e non proprio elegante, mentre chi vuole fare esibizioni deve ovviamente fare soffrire i suoi piedi, se non le comprate a Buenos Aires!

Se siete appassionati, come me, dello stile Milonguero avete una scelta più vasta: basta che le scarpe calzino perfettamente e non struscino sulla pelle, cosa che produce fastidiose vesciche che costringono i ballerini a stare a riposo per qualche giorno. Infatti, le prime settimane sono dedicate normalmente a 'dominare' le scarpe con tutte le vesciche che comportano, ma a Buenos Aires i piedi vengono accarezzati dalle scarpe.

Ovviamente devono essere eleganti, ma non illudetevi che l'altezza del tacco sia davvero determinante, ragazze! L'importante è stare bene in piedi e conservare il vostro equilibrio e asse che poi ballando dovete 'sacrificare' all'asse comune.

Piuttosto che una dama con tacco alto o altissimo, ma con un equilibrio precario, los milongueros porteños preferiranno sempre invitarne una che stia nel suo asse, anche se calza scarpe usate o non proprio eleganti! Quindi non vi preoccupate troppo se scegliete scarpe non all'ultimo grido e con un tacco non vertiginoso!

Mi sembra di avere già accennato al fatto che la forma della scarpa deve rispettare il più possibile la forma naturale del nostro piede, per impedire anche degli sviluppi dolorosi come l'infiammazione all'articolazione metatarsofalangea o no?

Questa dolorosa infiammazione, spesso sottovalutata, tende purtroppo a cronicizzarsi e quindi porta all'abbandono forzato del ballo. Perciò è ovvio che ogni scarpa fatta a mano è la vostra scarpa ideale, e a Buenos Aires questo non è un sogno, ma una realtà! Specialmente chi ha un piede 'problematico' dovrebbe assolutamente cogliere questa occasione e non solamente per le scarpe da ballo. Chi non si vuole spingere a tal punto e farsi fare delle scarpe su misura, troverà sicuramente comunque delle scarpe comode. Sono tutte foderate!

Una goduria indescrivibile! Le due fodere sono incredibilmente sottili e questo significa, per noi ballerini, che appena le mettiamo ai piedi il nostro calore corporeo riscalda le pelli e queste istantaneamente si adeguano alla forma del nostro piede. Non rendo l'idea lo so, ma è davvero una sensazione piacevolissima e potete, senza timori, andare subito a ballare tutta la notte e dimenticare tranquillamente tutti i cerotti che vi siete portati dietro in previsione delle vesciche!

Allora che consiglio posso darvi per la scelta delle vostre scarpe sia per i ballerini che per le ballerine?

Per prima cosa mi prenderei una scarpa modesta, cioè di cuoio liscio ed ovviamente di colore nero. Poi ne sceglierei anche delle altre di colori più vivaci. Sono tutte belle!

Vorrei ricordarvi però che più diventate 'visibili' grazie a scarpe di finto pitone, in color oro, in due colori, con applicazioni, più dovete essere all'altezza nel ballo!

Visto poi che a Buenos Aires, almeno nello stile Milonguero, hanno l'usanza di mettere i piedi aderenti al piede del partner, non vi consiglio di prendere delle scarpe di camoscio. Alla fine della serata ve le troverete macchiate, ovviamente potete anche usare prima uno spray per proteggerle, ma funzionerà solo fino ad un certo punto. Indossando scarpe di vernice dovreste usare una crema antiaderente ma anche questa funziona solo per poco tempo, altrimenti si appiccicano tra di loro o alla scarpa del vostro partner. Occhio poi alle scarpe femminili con le paillette, che graffiano le scarpe del ballerino e quindi rischiate che in seguito non vi inviti più!

In ogni caso, ballerine, fatevi incantare dai vari allacci e dalle combinazioni di vari colori! Anche i ballerini possono trovare affascinanti le tomaie a due colori, di solito bianco abbinato a nero, marrone o bordeaux e così via, o in madras (madras si chiama la lavorazione dove il pellame è stato tagliato a strisce più o meno fini e poi intrecciato per formare la tomaia) e con cuciture diverse.

Per le ballerine sarà poi davvero difficilissima la scelta tra i numerosissimi modelli con due lacci incrociati sul collo del piede, con uno singolo che avvolge la caviglia e altre combinazioni.

Tutto è possibile! Basta che nessun laccio impedisca il movimento articolare e non prema sul tendine d'Achille, per non causare nel primo caso una rigidità articolare e nel secondo una fastidiosa infiammazione tendinea.

Per controllare se il laccio è 'innocuo', estendete la gamba all'indietro piegando anche il ginocchio, in modo che la caviglia si pieghi allungando il tendine d'Achille. Se avvertite una sensazione spiacevole ed irritante, provate un altro modello, questo non va!

Un'altra comodità nei negozi di scarpe a Buenos Aires è che quando avete trovato la scarpa ideale, ve la potete far fare in colori e tessuti a vostra scelta. E ovviamente vi fanno, se ne avete la necessità, lì per lì altri buchi nei lacci.

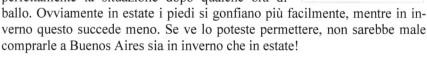

Per non rimanerci male, comprate le scarpe nel pomeriggio, meglio sul tardi, quando i nostri piedi sono già leggermente gonfi e quindi rispecchiano perfettamente la situazione dopo qualche ora di ballo. Ovviamente in estate i piedi si gonfiano più facilmente, mentre in inverno questo succede meno. Se ve lo poteste permettere, non sarebbe male comprarle a Buenos Aires sia in inverno che in estate!

Poi un altro avvertimento: provatele sempre! Non fidatevi del vostro abituale numero di scarpa. Provatele sempre, anche se prendete lo stesso modello in un altro colore: in particolare tutto ciò che è tinto in nero calza normalmente più stretto!

Oltre alla forma, al colore, alle combinazioni di cuciture e laccini, potreste anche comprarle con suole diverse adatte a pavimenti diversi. La suola di cuoio va bene per un pavimento 'normale' e per ballare all'aperto, quella scamosciata per uno di legno o di marmo molto liscio, sempre all'interno però, e quella di plastica liscia per un suolo ruvido, di pietra e nuovamente per le piste da ballo all'aperto.

Meglio essere preparati ad ogni tipo di pavimentazione: ricordatevi che un pavimento o una suola eccessivamente lisci impediscono una guida sicura, in caso d'emergenza a causa di un suolo disastrosamente scivoloso bagnate le suole con la coca cola o con la birra di malto, mentre una pavimentazione o una suola eccessivamente ruvidi mettono in pericolo il ginocchio!

E poi tenete un piccolo diario sulle condizioni del 'piso', cioè del pavimento, così sarete sempre preparati alla perfezione!

Non vi devo ricordare, quando comprate delle scarpe a Buenos Aires, che la parte della scarpa sotto l'arco del piede deve essere rigida per impedire che il metatarso ceda, mentre 'pivotiamo', vero? Altrimenti avviene un'iperflessione verso il basso, che può portare alla già nominata infiammazione metatarsofalangea. Le scarpe argentine da Tango contengono normalmente un leggero cuscinetto, incorporato alla soletta interna, che rialza il centro dell'avampiede impedendo così la sua iperflessione specialmente se nel passo alziamo il tacco, cosa che comunque è da evitare assolutamente!

Se volete avere queste comodità anche nelle vostre scarpe non argentine, dovreste comprarvi dei cuscinetti metatarsali, oggigiorno sono in silicone. Per un piede sano posizionateli all'indietro delle descritte articolazioni (cioè verso l'arco del piede), mentre per uno già infiammato, dovreste metterle direttamente al di sotto dell'articolazione dolorante. Sicuramente ne avrete un gran sollievo!

Permettetemi due parole sul tacco: cari ballerini fatevi ispirare dai vostri anziani 'fratelli' porteños che ballano con scarpe 'normali', ma comode.

Effettivamente non so se questo avviene perché non possono spendere o se semplicemente gli bastano delle scarpe comode per ballare così divinamente.

Per la ballerina questo non vale del tutto: un po' d'altezza il tacco la dovrebbe avere, se no rischia davvero che non la invitino.

Ho visto però ballare anche milongueras con tacchi assai più bassi di quelli che ora sono di moda. Andrebbero bene dai 4 agli 8 cm! Come avevo già accennato potreste anche comprarvene un paio con un tacco basso e più largo per lo studio o se il piede è già dolorante.

Se poi volete mantenere la forma delle vostre scarpe nuove, tema che interessa ambedue i sessi, vi consiglio d'usare dei tendiscarpe o della carta da giornale appallottolata, che inoltre assorbe l'umidità formatasi nella scarpa dopo una serata di ballo (metodo molto usato dai 'nostri' milongueros porteños!).

XIII Consiglio
Tandas y Cortinas, prepararsi per la milonga e un taxi

Forse, ritornati dalla perlustrazione dei negozi di scarpe (spero con esito soddisfacente), ci dolgono i piedi? Ah, ci vuole allora un pediluvio con sale grosso che va bene anche dopo una lunga notte in milonga. Siete stati previdenti e avete con voi anche una crema o un gel defaticante per le gambe? Vale davvero la pena di portarla, altrimenti compratela in una di queste bellissime farmacie in stile Liberty! Possiamo anche massaggiare i piedi o far rotolare la solita palla da tennis sotto la pianta del piede.

In ogni caso, se soffrite spesso di dolori alle gambe, fate controllare la vostra circolazione sanguigna con un eco-doppler (non temete si tratta di un esame indolore) oppure il vostro fabbisogno di sali minerali, specialmente nella stagione estiva. Mangiate magari ogni giorno una banana, che aiuta, grazie al suo elevato contenuto di potassio, la contrazione e la decontrazione muscolare.

Quindi rilassiamoci! Spero proprio che abbiate portato una guida della città, perché niente è più divertente che sdraiarsi e leggere ciò che potremo scoprire in seguito.

Visto che abbiamo un attimo di tempo, vorrei parlarvi di altre cose delle milongas: nei salóns di Buenos Aires di solito la musica viene proposta con 'tandas y cortinas'. Con tanda si intende un'insieme di musiche simili di Tangos ritmici, lenti, veloci o romantici, strumentali o cantati, delle Milongas (che possono, ricordatevi, essere sostituite con Cumbia, ovvero musica caraibica, Swing o Chacarera) e dei Valses.

Sì, sì, hanno fatto qualcosa davvero intelligente: invece di disdegnare il Valzer, che si poteva anche spregiare ritenendolo obsoleto, l'hanno inglobato nel Tango creando così il Tangovals. Ragazzi, c'è da imparare un sacco, non vi pare? Lo chiamano anche Vals Criollo o Vals Cruzado. Di solito questo ultimo nome viene tradotto come vals a passi incrociati, ma 'cruzado' potrebbe significare anche 'loco', cioè pazzo...

Queste 'tandas' dovrebbero creare un'onda musicale e di ballo, un'arte propria dei musicalizadores, ovvero DJs di Tango, che scegliendo la musica appropriata sono in grado d'influire sull'umore della sala, rispettando le capacità danzanti dei ballerini. E perciò ai Tangos ritmici seguono logicamente le Milongas, poi di nuovo Tangos lenti seguiti da Valses, per poi ricominciare tutto da capo.

Normalmente le tandas di Tangos comprendono quattro brani, mentre quelle delle Milongas e Valses tre, meglio se dello stesso musicista, orchestra, anno, con lo stesso cantante e con la stessa espressione musicale. Attenzione però! Non sempre è così!

Le tandas possono comprendere anche più brani e quindi prima di 'liquidare' il vostro partner, ascoltate ben bene se davvero è finita la tanda e se sentite quindi una cortina.

Le 'cortinas' sono invece delle musiche atipiche (per una milonga), che staccano nettamente una tanda dall'altra e che non possono essere fraintese. Durano all'incirca quei trenta secondi che servono per accompagnare la dama al tavolo, ritornare al proprio posto e invitare nuove partners.

La combinazione preferita a Buenos Aires tra le tandas dei vari generi musicali è di solito due tandas di Tango, una di Milonga, di nuovo due tandas di Tango, una di Vals, ma ovviamente anche questo può essere stravolto e quindi dobbiamo ascoltare, ascoltare ed ascoltare, mi raccomando!

Dopo questo piacevole riposo prepariamoci a ritornare a ballare in milonga. Il loro orario indicherà tra l'altro l'età media dei ballerini. Ma, è incredibile quanto sono arzilli e vitali questi 70-80enni!

Infatti, gli scienziati hanno scoperto che l'imparare un ballo, ragionando sui passi, sulla postura e sui giri e poi ballarlo, abbassa il pericolo di ammalarsi di demenza senile fino al 76%, grazie a nuovi contatti sinaptici nel cervello, oltre ad aumentare l'attenzione in generale e verso le persone in particolare. Muoversi fa bene in generale, perché: 'Chi si ferma, arrugginisce'.

Perciò il ballo va anche bene per chi ha problemi di artrosi, di diabete, di circolazione o per persone in soprappeso, perché grazie al continuo movimento prolungato nel tempo il livello dello zucchero nel sangue si abbassa. Inoltre, viene regolata la respirazione. Mica male!

Vi consiglio di informarvi prima sulle milongas che volete frequentare, per non rimanerci male. Eventualmente chiamate e chiedete che stile ballano in una determinata serata. La ragione è che negli stessi ambienti e locali, organizzatori differenti (anche di stili di Tango diversi) organizzano le loro milongas. Quindi occhio! Il nome del locale non garantisce assolutamente lo stile, perché tutto dipende dal giorno!

Dopo aver chiarito in quale milonga andare, quale vestito e scarpe mettere, pensiamo innanzitutto, visto che il Tango viene ballato relativamente vicini, alla nostra igiene personale ed orale e nella scelta di indumenti freschi e puliti! Poi passiamo in rassegna il 'kit' indispensabile per andare a ballare, sarebbe davvero ridicolo se per una sciocchezza dovessimo ritornare a casa prima del dovuto, o no? Vediamo allora un attimino, che cosa ci potrebbe servire:

- Due paia di scarpe con delle suole diverse se non conoscete il tipo di pavimento: di bufalo per un pavimento liscio, di cuoio per un pavimento 'normale'. Se poi volete rendere la suola di cuoio ancora più liscia, portatevi un pezzetto di candela che strofinato sulla suola la renderà più scivolosa. (Sarà utile, ma vi farà scoprire turista!)
- Portatevi, care ballerine, 2-3 paia di calze in più, ovviamente della stessa marca, altrimenti tutti sapranno che l'avete cambiate ed il vostro partner in questa sventura si sentirà umiliato, sicuramente non si farà più vedere e, accidenti, non era neanche stata colpa sua!!
- Una limetta per le unghie
- Una confezione da viaggio di dentifricio e spazzolino, perché in alcune milongas si può anche mangiucchiare qualche cosa!
- Un piccolo set da cucito o almeno due spille da balia, perché non si sa mai, succedono sempre delle cose spiacevoli nel momento più bello!
- Un ombrello nelle stagioni piovose
- Dei fazzoletti di carta, che servono sempre
- Per potersi rinfrescare ogni tanto, ci serve del deodorante, del trucco, del profumo che le ballerine possono applicare sull'interno dei polsi e dietro la nuca e i ballerini sul petto
- Per le nostre dame: qualche assorbente e magari anche una mutandina di ricambio
- Uno scialle o un cardigan, perché inizialmente, durante qualsiasi stagione, nelle milongas fa proprio freddo e solamente con la gente si riscaldano. Nella stagione calda sono ancora più fredde! Infatti, i porteños sono degli amanti accaniti dell'aria condizionata e camminando per le strade vi sentite gocciolare addosso l'acqua della condensa. Perciò occhio a non raffreddarvi! Sarebbe davvero il colmo dover abbandonare le milongas per un naso altrettanto gocciolante, non vi pare?
- Ai nostri ballerini consiglio una maglietta o una camicia di ricambio. Questo è un tema un po' controverso, infatti alcuni dicono di si, altri di no. Personalmente penso che durante la stagione calda, portarsi un ricambio non guasterebbe, meglio dello stesso modello e colore, così nessuno lo saprà, a parte le vostre ballerine che comunque lo gradiranno molto. Nell'inverno invece nelle milongas porteñas non ho notato questo cambio di indumento, anzi i porteños non lo fanno proprio. Hanno un altro metodo:

dopo una visita obbligatoria al bagno per rinfrescarsi, rimangono seduti finché non si sentono più accaldati.
- Qualche cerotto, qualcosa contro il mal di testa e il solito rimedio omeopatico contro gli infortuni 'calcianti': l'arnica.
- Vi consiglio, nel caso che sudiate, l'uso del fazzoletto di stoffa, perché usandolo non si dissolve nei suoi componenti e risulta anche molto più elegante di quello di carta.
- Un secondo fazzoletto, sempre di stoffa e meglio in bianco candido, dovrebbero tenere pronto i nostri ballerini quando vanno a ballare in estate. Il massimo di eleganza e considerazione è infatti mettere questo fazzoletto nel palmo della mano sinistra prima di raccogliere la mano della propria dama.

Quindi usciamo e... sì perché no, prendiamo un taxi, il metodo più veloce, sicuro e super-economico per arrivare in milonga. Infatti, girare Buenos Aires in taxi è un vero spasso, basta alzare la mano e un taxi si ferma. In realtà il famoso test per verificare l'economia di un paese è proprio quello: alzate il pollice e se entro cinque, dieci secondi un taxi si ferma, l'economia va proprio male!

Scegliere il taxi giusto, specialmente se siete di sesso femminile o da soli, è invece una vera arte!

Radiotaxi*

Scegliete sempre la macchina più moderna con un conducente anziano: sono i migliori in gentilezza e in correttezza! E appena vi siete seduti dentro, è essenziale chiudere bene subito tutte le porte. In ogni caso il nostro autista anziano vi porterà davanti alla milonga o alla casa e aspettano finché non siete entrati, specialmente se gli date una mancia e gli chiedete gentilmente d'aspettare. Saranno deliziati di farlo per voi ballerine! Anche ai ballerini consiglio di fare altrettanto, specialmente al ritorno a notte fonda, non si sa mai. Ok?

Avete appena pagato il biglietto, avete fatto il primo passo in milonga... Fermo! Vi siete levata di bocca la gomma da masticare, vero? E, signori, toglietevi anche tutto ciò che tenete nelle tasche anteriori dei vostri pantaloni, mi raccomando!

Quando finalmente sarete pronti ad assistere alla celebrazione della coppia per eccellenza, vi lascerò soli, perché sono ancora un po' timorosa nel farvi da cicerone. Sarà per un'altra volta, scusate!

XIV Stratagemma

appoggio del piede, anatomia applicata (bacino e addome) e qualcosa sulla dieta in generale

Vi siete svegliati e volete fare colazione? A Buenos Aires potete mangiare a qualsiasi ora qualsiasi pasto e quindi non vi preoccupate anche se vi siete svegliati tardi. Potete sempre fare colazione, che deve contenere zuccheri! Allora scegliamo qualche biscotto o il pane con la marmellata, ma provate anche le 'facturas' (delle paste) o le 'medialunas' (quei deliziosi piccoli cornetti). Via, andiamo al café all'angolo, sediamoci e ordiniamole con un 'café con leche' (con latte), con cui vi portano anche un bicchiere d'acqua, insomma come era una volta...!

Avete notato ieri notte come los Viejos Milongueros mettono i loro piedi?

Sembra che usino la gamba come una penna, tanto è diritta e il piede è proprio la punta con cui tracciano e disegnano delle figure. I due corpi della coppia erano allungati ed inclinati l'uno verso l'altro, come lo sono la mano e la penna mentre scriviamo.

Durante la 'caminata' la gamba con cui facevano il passo rimaneva estesa indifferentemente sia che si trattasse di un movimento in avanti, indietro o lateralmente. Perciò per tenere ben allineati gamba, caviglia e piede durante il paso adelante (passo in avanti), vi consiglio d'appoggiare per un attimo prima la punta e tutto il piede solo nel momento in cui avrete portato effettivamente tutto il vostro peso e l'asse sulla nuova gamba d'appoggio (è una frazione minima di tempo, ma fa la qualità!).

Per il passo all'indietro mettiamo invece prima il tacco e solo dopo tutto il piede: questo evita di sollevare il tacco e magari, purtroppo succede molto spesso, di atterrare sul piede di un altro ballerino.

Qui devo interrompere un attimo...

Nel Tango de Salón Apilado, mentre facciamo un passo, tutto l'asse si deve spostare subito. In altre parole: la gamba che 'lasciamo' risulta in diagonale e non quella con cui facciamo il passo. Nel passo laterale invece sarà molto meglio, specialmente per la caviglia, appoggiare prima l'interno del piede e solo inseguito il resto. In questa maniera la caviglia sarà la parte che deve 'aggiustare' la connessione tra gamba e piede.

Nel passo in avanti la caviglia si piegherà quindi la punta sarà verso il suolo, mentre nel passo indietro allungherà il tendine d'Achille, cercando il contatto con il pavimento e per il passo laterale aiuterà a piegare l'interno del piede, per concedere il primo tocco. Questi mini-movimenti della caviglia impediscono che si gonfi, anche dopo lunghe ore di ballo, perché aiutano la circolazione venosa verso l'alto, verso il cuore.

I piedi sono perciò sempre pronti per nuovi passi, senza che dobbiate aggiustare i lacci delle vostre scarpe. E questo non è poco!

Infine, vorrei ritornare sulla questione dell'appoggio del piede e farvi notare che essa è cosa importantissima anche per il movimento in sé: ci permette una spinta propulsiva controllata ed un appoggio frenante nell'arrivo. Fisiologicamente succede che, quando ci spingiamo in avanti, le dita del piede posteriore, quelle che praticamente ci spingono verso la nuova direzione, si raccolgono un po', mentre le dita del piede su cui atterriamo si allargano per farci frenare (anche questi due movimenti combattono la fatica venosa). E qui siamo arrivati al tema delle scarpe: non dovrebbero essere né troppo larghe, perché fregherebbero sulla pelle producendo delle vesciche, né troppo strette, in quanto non permetterebbero questi due mini-movimenti appena descritti. Ma di questo abbiamo già parlato, vero?

medialunas*

Rincasati facciamo un po' di penitenza per smaltire le calorie eccessive delle medialunas, non preoccupatevi troppo però! Andando assiduamente a ballare, ritornerete a casa sicuramente in linea anche mangiandole spesso!

Ma visto l'argomento 'ingrassante' studiamo un attimo il bacino e l'addome, giusto! Anche il bacino fa parte del nostro asse condiviso.

Rivediamo quindi quali sono i punti cruciali per un corretto assetto del bacino…

- Ovviamente non si sporge mai il bacino né in avanti, né indietro!
- Per poter allineare il bacino con l'asse, dobbiamo fare una retroflessione del bacino (cioè avvicinare il pube verso il naso). In tal caso un'eventuale pancia rientra nel corpo, la pressione endoaddominale si direziona verso la schiena, stabilizzandola e proteggendo la colonna vertebrale, tanto a rischio d'infortunio grazie a movimenti sbagliati, pavimenti sfavorevoli, abbracci scorretti e così via.
- Ballando il Tango il bacino deve pur muoversi, sono d'accordo con voi! Ma solo di lato, come avviene nel 'corte' laterale. In un certo senso il bacino in questo caso si sposterà per inerzia sulla gamba con cui abbiamo eseguito il 'corte', mentre siamo di già nel movimento di ritorno.

Avere un bacino rilassato è particolarmente importante, specialmente per ballare una veloce Milonga con traspies. Se usiamo il bacino invece in modo scorretto, incontreremo dei dolori all'anca, che per chi ne soffre di già, porteranno ad una fine precoce della 'carriera di ballo'.

Da non sottovalutare sarà inoltre la comparsa di ernie inguinali e di problemi alle ginocchia con un coinvolgimento del menisco, che renderà difficoltosa una torsione nei giri, che sia fatta con il bacino o con il busto.

Studiamo allora l'anca:

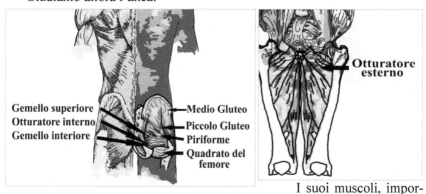

I suoi muscoli, importanti senz'altro nel passo laterale, sono principalmente gli abduttori del femore come il grande ed il medio gluteo. Se sono tonici, las seguidoras argentinas sapranno già in partenza che il loro ballerino 'sa' fare i passi e si sentiranno al sicuro e rilassate!

Questi muscoli estendono inoltre il bacino, importante per un assetto allungato e per passi eleganti. I muscoli medio e piccolo gluteo aiutano inoltre ad inclinare lateralmente il bacino, movimento importantissimo per ballare una divertente Milonga con quebradas. Più in profondità troviamo poi il muscolo piriforme che stabilizza 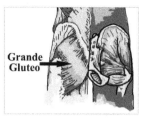 l'anca, cioè controlla l'insieme della gamba e del rachide e previene gli strappi muscolari, i muscoli gemelli superiore ed inferiore e i muscoli otturatore interno ed esterno, che non hanno compiti aggiuntivi. Infine, abbiamo il quadrato del femore, che extraruota la coscia e stabilizza il rapporto tra l'anca ed il femore. Tutto importantissimo per non farsi male ballando, magari su una superficie troppo liscia!

Il seguente esercizio ha quindi a che fare con l'abduzione del femore ed aiuta a tenere le gambe vicine e a camminare in modo elegante.

Sdraiamoci in terra su un lato, con la gamba superiore appoggiata sul pavimento con il ginocchio piegato. Alziamo ora la gamba inferiore inspirando e poi abbassiamola mentre inspiriamo.

Lavorare sull'estensione del bacino assicura che non muoviamo più involontariamente il bacino durante il ballo né in avanti, né indietro. Inoltre, tonifichiamo anche la schiena.

Sdraiati in terra, solleviamo il bacino verso l'alto e poi abbassiamolo lentamente.

Oh, abbiamo già dimenticato la 'penitenza' per le medialunas?

Meglio allora proseguire con lo studio dell'addome: i suoi muscoli aiutano in generale l'espirazione e si dividono in anteriori, cioè i muscoli superficiali, e in posteriori, cioè quelli che in profondità fungono da antagonisti dei muscoli dell'anca, esaminati prima.

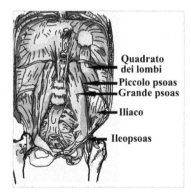

Posteriormente il muscolo ileopsoas (composto dai muscoli iliaco, grande e piccolo psoas) adduce, flette, ed extraruota la coscia, oltre a inclinare il bacino, a flettere e inclinare il tronco sul proprio lato (sempre importante per la Milonga con cortes y quebradas!).

Poi troviamo il muscolo quadrato dei lombi, che flette il rachide oltre a inclinare lateralmente sia rachide che pelvi. Ricordiamoci di nuovo che stabilizzando l'anca e il rachide siamo tutti più sicuri nel nostro ballo!

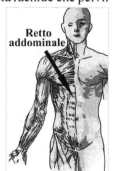

In piedi, solleviamo le braccia e prendendoci le mani incliniamoci lateralmente per stendere e mobilizzare meglio il tronco ed i fianchi. Un esercizio sempre efficace per 'el corte y la quebrada' ottimale.

Ahimè, non abbiamo ancora finito con questi addominali!

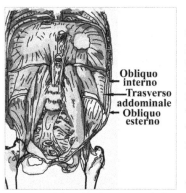

Anteriormente in superficie i muscoli dell'addome sono i seguenti: il muscolo retto addominale che flette il torace sulla pelvi e viceversa, l'obliquo esterno che ruota il torace verso il lato opposto (ecco finalmente qualcuno che si dedica alla famosa torsione!!); l'obliquo interno che lo ruota invece verso il proprio lato, mentre entrambi i muscoli flettono il torace.

Poi abbiamo un muscolo che esegue tutti i movimenti sopraccitati: il muscolo trasverso addominale. Sono i famosi 'addominali', che tutti vorrebbero avere piatti e tonificati!

Siamo ora alle prese con la parte degli addominali sopra l'ombelico e sdraiati supini, incrociamo le mani dietro la testa e alziamo il dorso.

Ora è il momento di curare la parte laterale degli addominali e sdraiamoci quindi in terra sul fianco allunghiamo le braccia unite sopra la testa.

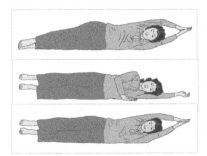

Espirando alziamo ora le braccia e mentre le abbassiamo inspiriamo.

Ora appoggiamo la mano del braccio superiore in terra ed alziamo le gambe, sempre espirando.

Infine, alziamo, espirando, sia le gambe che le braccia.

Non vi sembra incredibile? Quanti esercizi si devono fare per questa maledetta pancia!

Ora ci siamo davvero meritati un po' di relax e prevedendo una lunga notte di ballo, mettiamoci a dormire. Vi piace l'idea? Allora buon riposo!

XV Stratagemma
Psicologia in milonga e 'el cabeceo'

Riposati? Allora torniamo a ballare! Entrare in milonga...

Ah, sì! Questo è davvero un momento cruciale, perciò attenti a come camminate! Fate qualche prova a casa e sperimentate le variazioni di velocità, controllate dove e come tenete le braccia e se si muovono troppo (mica come una recluta, ma neanche ciondoloni al marinaio) o troppo poco e così via. Ogni tanto non guasterebbe farsi anche un'idea di come si sta in piedi.

Per piacere non distanziate troppo i vostri piedi che, nella psicologia del corpo, significa che chiedete troppo spazio!

In particolare, le ballerine, quando non si muovono, devono tenere i piedi, anzi meglio tutta la gamba (cioè coscia, ginocchio, malleolo e piede), vicinissimi (visto che alla fine Ottocento, inizio Novecento solo in campagna si stava a gambe larghe!). D'altra parte, in psicologia tenere i piedi vicini, significa timidezza e suscita spesso nell'altro la voglia di farsi avanti e questo... ragazze, non è mica male per essere invitate, o mi sbaglio?

Chiediamoci adesso che posizione in generale assumiamo nella nostra vita quotidiana: tirate dentro la pancia e spingete il petto in avanti come i militari o avete il petto ritratto e vi piegate su voi stessi? Meglio tenere la testa alta, ma, attenzione, non esagerate, altrimenti tutti penseranno che siate altezzosi!

Come le parti del nostro corpo si influenzano a vicenda, così anche la postura influisce non solo sul nostro ballo, ma anche su come parliamo. Infatti, in milonga tra un brano e l'altro la coppia si parla e perciò miglioriamola questa postura!

Provate ogni tanto a casa, in varie posizioni: seduti, sdraiati, in piedi, accovacciati, a parlare o a cantare magari un Tango, il massimo complimento che un milonguero può fare alla sua dama è appunto di cantarle il brano mentre ballano!

Con questi esercizi anche la voce migliorerà sicuramente!

Per sperimentare però una posizione rilassata in piedi, spostatevi sull'avampiede, lasciate cadere la testa in avanti e il bacino in basso (non dimenticate di continuare a respirare in modo rilassato!) ed alzatevi via via, vertebra per vertebra, ed infine tirate su la testa.

Dopo aver assunto una posizione piacevolmente naturale e fatto un bel respiro profondo, 'scivolate' in milonga senza pensarci troppo!

Chiedete ora al cameriere, 'el mozo', dove potete sedervi, un assoluto 'must', altrimenti tutti sapranno che siete degli estranei! Come vi mettete a sedere ora? Siete tesi e non sapete più come fare? Alle ragazze consiglio di mettersi a sedere con i due piedi strettamente vicini e tenendoli davanti alle gambe della sedia. Dà un'impressione di attenzione, che los Viejos Milongueros apprezzeranno sicuramente. Inoltre, vi permette di respirare senza problemi ed avere una voce sicuramente seducente.

Quando poi vi alzate (ha funzionato allora l'invito!!), non fatelo in modo svogliato o lento, ma neanche ansioso, sorpreso e velocissimo, alzatevi semplicemente e... via si balla!

Fermi un attimo! Come si inizia a ballare?

Nelle milongas tipicas di Buenos Aires l'invito a ballare si fa attraverso lo sguardo. Va bene, direte, questo lo sappiamo! Ma che cosa si intende con 'milonga tipica' e in cosa è diversa dalle altre?

Infatti, quella che chiamiamo di solito 'milonga', a Buenos Aires la intendono come 'baile', nel quale si va con amici e famigliari, in coppia e ci si siede insieme, si balla insieme (ma ovviamente anche con altri), si chiacchiera, si beve un café, un bicchiere di acqua e si mangia magari un'empanada, insomma sempre e sempre insieme. Tutto è diverso nelle 'milongas tipicas', dove di solito due lati della sala sono riservati esclusivamente agli uomini e quelli di fronte solamente alle ballerine.

Esistono anche milongas dove le ballerine sono sedute in prima fila, mentre una fila di sedie e tavoli lungo la parete è riservata agli uomini.

Sia i ballerini che le ballerine cercano di accaparrarsi via, via i posti in prima fila, che non sono solo i migliori per catturare l'attenzione degli altri ballerini per l'invito, ma che determinano anche la 'classifica' della loro bravura danzante. Appena arrivati, non pretendete perciò di sedervi nelle prime file, i posti saranno comunque già tutti prenotati! Può però succedere, che, dopo qualche settimana di permanenza e se ballate bene, i camerieri vi facciano accomodare non più nell'ultima fila.

Appena vi siete seduti guardatevi intorno. Magari avete letto che si fa così? No, no! Non è proprio così!

Concedetevi pure il piacere d'ordinare un caffè e gustatevelo con calma, mentre lasciate vagare il vostro sguardo nella sala, anche per vedere con chi vorreste ballare. Tutti capiranno che vi state ambientando e quindi non dovete avere né paura né fretta. Calmatevi (non troppo a lungo però!) e entrate nell'atmosfera della milonga. In ogni caso nelle milongas si avverte sempre un'enorme tensione, che inizia praticamente entrando in sala e che finisce solamente quando uscite. Siamo sempre all'allerta, per non sbagliare niente e quindi parlate il meno possibile o, se lo fate, non distogliete i vostri occhi dai probabili partner.

Qui sia le donne che gli uomini guardano e quindi, care ballerine, finitela di fare le cenerentole, che aspettano il principe azzurro!

Siamo in un paese di immigranti e quindi le donne sono intraprendenti quanto gli uomini! Guardate quindi fisso negli occhi e non fatevi disturbare da niente, neanche dal cameriere che vi serve. Pagatelo senza distogliere lo sguardo!

Non dovete assolutamente esitare con lo sguardo e non permettetevi di guardare neanche per un millesimo di secondo da un'altra parte, magari un'altra persona (oh no!). Avreste subito perso il vostro vantaggio e dovreste iniziare da capo, aspettando magari, ahimè, un'intera tanda! Se invece avete guardato intensamente soffermandovi su una singola persona, forse prima o poi vi contraccambierà lo sguardo. Ora i due sguardi si sono proprio incollati l'uno all'altro. E qui vi devo cantare le lodi de los Viejos Milongueros porteños: sono di solito molto curiosi di ballare con persone sconosciute e perciò sarà difficile che rimaniate sedute per l'intera notte!

Con l'incremento del turismo tanguero tutto questo è cambiato negli ultimi anni. Se studiamo l'evoluzione storica vediamo che all'inizio c'erano molto più uomini che volevano ballare e quindi il ballerino faceva di tutto per essere bravo ed essere scelto dalla ballerina. Questo spiega anche la tecnica del cabeceo con cui il ballerino fa l'accenno invitante. Oggi questa situazione si è capovolta (spesso sono presenti più donne) snaturando così l'atmosfera in sala...

Eravamo però rimasti al punto in cui ci si sta guardando fisso negli occhi, vero? Ora l'uomo (solo lui lo potrà fare, mi raccomando!) fa il famoso cenno con la testa, el cabeceo!

Visto che c'è stato uno scambio di sguardi, sicuramente la ballerina accetta con un altro cenno di testa, con un battere delle ciglia e così via.

Più le ballerine sono esperte, più velocemente danno il loro consenso a chi le invita. Per loro è quasi un obbligo accettare nel modo più discreto possibile, così si godono molto il momento della sorpresa negli occhi degli altri quando il ballerino si alza e va loro incontro.

Ma aspettate un secondo!

Volevo dire ancora una parola alle ballerine: se accettate un invito mentre state ancora bevendo, appoggiate subito il bicchiere e siate pronte, non vi potete permettere di continuare a sorseggiare! La prossima volta nessuno vi guarderà più!

Appena i due ballerini si sono scambiati il loro consenso, il ballerino si alza e va verso il tavolo della sua invitata. (Ecco anche qui mi viene in mente una cosa interessante: normalmente tutti sono seduti ai tavoli. Ma succede anche che i ballerini, e solo loro, si spostino liberamente nel corridoio, che si trova tra le file dei tavoli, per catturare lo sguardo della dama preferita, magari facendo finta di andare al bar.) Quindi lui sta arrivando attraversando la pista da ballo, ma occhio! che potrebbe anche usare il corridoio: ora non fate 'tremare' il vostro sguardo!!

Fermatevi ragazze! Non alzatevi ancora! Aspettate che arrivi davvero davanti a voi, ad un metro di distanza, per non sbagliarvi, forse aveva invitato la dama dietro, davanti o magari accanto a voi! Quindi aspettate, respirate e sorridete, specialmente se poi avesse effettivamente invitato un'altra! Comunque, non aspettate troppo, altrimenti lui potrebbe prendersela a male, perché sarebbe un segno che non è stato capace d'invitare correttamente. Quindi mettetecela tutta per alzarvi nel momento giusto! Lui sarà deliziato!

Per gli uomini questa fase è ovviamente la più facile: basta alzarsi ed andare dalla dama. Ma non è sempre così!

Se per puro caso ha sbagliato (anche agli uomini può succedere) e un altro ballerino si trova davanti alla sua prescelta, non deve far vedere il suo disappunto. A questo punto è meglio per lui proseguire se ha attraversato la sala al suo interno verso un lato e far perdere le proprie tracce, magari rientrando dove sono sedute le coppie, per ritornare così al suo tavolo. Se invece si fosse spostato lungo il corridoio, dietro i tavoli, gli basterà proseguire diritto, senza fare una piega.

Nel caso in cui la donna si sia alzata precipitosamente, basterà che sorrida e si risieda. In ogni caso non succederà niente e specialmente a noi 'gringos', ovvero turisti, viene perdonato davvero quasi tutto!

Nel caso che non vi interessi un certo ballerino, semplicemente non guardate nella sua direzione! Non se la prenderà con voi e passerà con il suo sguardo ad altre partner e questo vale anche per i ballerini. Se invece il partner con cui volevate ballare si è scelto qualcun altro, girate velocemente lo sguardo e guardate altrove.

Sicuramente ci sarà un'altra persona che sarà felice di ballare con voi! E questo, lo devo dire e ridire, fa la differenza tra le sale argentine e quelle nostrane! È un vero peccato, che non abbiamo ancora imparato, oltre ai passi e alle figure, ad essere curiosi di conoscere altre persone. Che peccato, davvero!

Basta vedere come si impegnano a renderci felici con colori e qualche kitsch: una casa nel barrio Abasto*

Ma ora basta! Invitate subito, se non conoscete già qualcuno, così tutti possono vedere come ballate bene!

Lasciate semplicemente perdere chi non risponde al vostro cabeceo, non ne avrà voglia! Potreste tuttavia, mentre ballate, dare ogni tanto una breve occhiata ad un altro ballerino disponibile. Magari è timido o non aveva visto come ballate e non se la sentiva d'invitarvi subito, quindi potreste anche insistere!

Comunque, nelle milongas porteñas tutto fluttua, e non solo le gonne! In un certo senso, sembra che non esista una vera regola! Ciò che si possono permettere persone che si conoscono da una vita, non possiamo certo permettercelo noi, quelli appena arrivati. Quindi non stupitevi, se alcune persone si salutano con grandi baci (avete visto che in Argentina si baciano prima sulla guancia destra?) e abbracci, con un 'hola' ad alta voce, con esuberanti cenni di mano e grandi sorrisi. Sicuramente si conoscono da secoli!

Vorrei inserire una piccola parentesi: spostandovi fuori dal centro di Buenos Aires, non aspettatevi di trovare ballerini particolarmente bravi. Il fenomeno 'Tango' come ballo rimane ancora oggi circoscritto al centro della città ed è perciò tipicamente porteño!

Se invece trovate voi qualcuno che conoscete, perché ci avete ballato insieme e vi siete trovati bene, sorridete mentre lo salutate, facendovi accompagnare dal mozo al tavolo. La persona in questione avrà capito benissimo la vostra voglia di ripetere la positiva esperienza.

Dunque, siamo arrivati al punto che vi siete ritrovati sulla pista: se vi conoscete bene potete salutarvi anche con un bacetto, ma non abbracciatevi subito per ballare, nessuno lo fa, perché esprimerebbe un rapporto troppo intimo per essere condiviso in milonga! E per piacere, scambiate qualche parola! A questo proposito consiglio a chi non è sicuro dello spagnolo, di farsi un piccolo manuale di conversazione. Potete magari dire che vi piace ballare il Tango, la Milonga, il Vals; che oggi avete visitato il tal posto; che qui si balla proprio bene e che il pavimento vi piace molto e così via. Insomma, non abbiate paura delle banalità!

Questa frazione di tempo serve per ascoltare la musica, per entrare in essa, per abbracciarvi poi con calma senza ansia e stress. Mi raccomando, andateci piano e godetevi i 'preliminari'! Dopo il primo ballo parlate di nuovo, per poi ricominciare a ballare. Il tutto finisce quando sentite la cortina e solo allora il ballerino riaccompagna la sua dama al tavolo. Importantissimo è, a questo punto, ringraziare il vostro partner. Anche se non fosse stata un'esperienza proprio esaltante, fatelo, visto che vi siete invitati a vicenda e quindi la colpa non è di nessuno! Poi, e questo non guasta mai, impariamo da los Viejos Milongueros ed alleniamoci noi a diventare più generosi, perché altrimenti chi di noi avrebbe mai potuto ballare con loro?

Evitate assolutamente di fare critiche in milonga ed astenetevi dall'insegnare là. Non si fa, è semplicemente ridicolo! Se vi capita un partner che lo fa, normalmente si tratta di qualcuno che vuole farsi pubblicità come maestro o che vuole fare colpo sullo straniero o sulla straniera...

Poi un piccolo avvertimento importante: se una persona si trova in coppia, non cerchiamo di invitarla. Ci saranno dei segni se la coppia è disposta a ballare anche con altri, ma normalmente si viene in coppia per ballare tutto il tempo solo e soltanto insieme. Questo più o meno lo sappiamo già.

Però anche a Buenos Aires una coppia, che entra insieme in un salón, può avere voglia di ballare con altri, perciò non guasta riconoscere i segni relativi. Tutto inizia quando una persona della coppia si avvia per andare magari al bar o al bagno. Questo è il momento giusto, spesso anche voluto dalla persona che si è allontanata, per poter invitare chi è rimasta al tavolo. Poi ritornata la persona che si era allontanata, è libera d'invitare a sua volta un partner.

I ballerini che non possono ballare con gli altri, sono i cosiddetti 'taxi dancers', cioè ballerini e ballerine che si possono 'noleggiare' per poter andare a ballare, insomma come una volta. Vi ricordate? Costano all'incirca 100 pesos a notte in milonga (ovviamente tutto dipende come va l'economia!) e vengono richiesti anche da donne argentine desiderose di andare a ballare, non solo dai turisti.

Vorrei avvertirvi che, se vi presentate in compagnia di un 'taxi dancer', sarà difficile che los Viejos Milongueros vi invitino in seguito. D'altra parte, la loro economia va proprio male e per chi si trattiene solo per qualche giorno o una settimana a Buenos Aires potrebbe essere un valido modo per assicurarsi tanti balli felici. Mentre stanno lavorando sono ovviamente impegnati con chi li ha ingaggiati e quindi non si possono certamente permettere di cambiare partner.

Se frequentate delle milongas dove potete cenare o ordinare uno spuntino, provate delle empanadas, un gustosissimo panzerotto ripieno, fatto sia al forno che fritto. Ne esistono di diversi tipi con carne di manzo o di pollo, con prosciutto, al formaggio e con verdure. Se non vi volete appesantire, vi consiglio quelle al forno (al horno). Sono le migliori!

Se invece avete voglia di dolce, ordinatevi le alfajores, cioè biscotti ripieni di dulce di leche, ovvero di morbido caramello, un'altra gustosissima 'pazzia' argentina (provare per credere!) o fatevi portare un helado (gelato), che sarà qui di ottima qualità.

Esaminiamo ora un'altra situazione che riguarda le nostre ballerine, cioè quando un ballerino si avvicina, senza aver fatto il cabeceo.

Se non lo conoscete, non consideratelo! Sarà a caccia della straniera, che, come lui presume, non sa niente delle regole porteñe in milonga.

Poi, giammai accettate caramelle o altro da un ballerino, perché vuol dire che ci sta provando e vi manca di rispetto come ballerina!

Se invece vi conoscete bene e avete già ballato con piacere, il ballerino ha acquisito, in un certo senso, il diritto di presentarsi, senza il preludio del cabeceo, direttamente al vostro tavolo per invitarvi.

Non preoccupatevi, sarà scrupoloso nell'individuare il momento giusto, per non disturbarvi mentre fate il cabeceo con un altro ballerino!

Se dovesse davvero sbagliare il momento, continuate a fare ostinatamente il cabeceo a quello con cui desiderate ballare. Lo deve capire, altrimenti non è proprio abituato a comportarsi correttamente in sala! Ma, vi assicuro, normalmente il ballerino vi sta già sorvegliando da molto prima e non si permetterebbe mai di interrompervi. Arriverà semplicemente nel momento giusto! Quindi non rifiutatevi, alzatevi prontamente con il vostro sorriso più splendido e ballate con lui!

Infine, vorrei farvi notare, che il cabeceo sembra per la ballerina qualcosa d'incredibile e crudele, specialmente dopo ore e ore che sta seduta, normalmente non capita, ma meglio prepararsi al peggio! Ai miei esordi sottopormi a tale 'pratica' l'ho trovato ridicolo ed umiliante! Spesso sono stata tentata di lasciar perdere e di ritornare a casa, ovviamente in lacrime! Poi me ne sono fatta una ragione, facilitata anche dalle mie esperienze di ballo in gioventù, dall'insegnamento del Tango e dalla gestione di milongas dal 1998 in poi.

Agli inizi del Tango, quando c'erano molti più uomini che donne, subire un rifiuto da parte della ballerina, veniva vissuto come la massima disgrazia, specialmente perché avveniva in presenza degli altri ballerini, e ciò doveva essere assolutamente evitato per la pura sopravvivenza in milonga.

Questo spiega la tecnica del cabeceo con la quale il ballerino accenna l'invito: non si deve rifiutare apertamente nessuno e non si viene esplicitamente rifiutato!

La situazione del voler rifiutare e non poterlo fare è davvero terribile e crea già in partenza un baratro tra i due ballerini. Comunque, riuscire a ballare proprio con il ballerino desiderato è senz'altro una delle esperienze chiave del Tango. Provare per credere!

Oltre a lanciare sguardi durante le cortinas, potete anche mandare un invito mentre ballate! Si, si, incredibile ma vero! Lo fanno tutti! In particolare, durante gli ultimi due brani della tanda, potete guardare le persone sedute o le persone che vi ballano intorno. Così ogni volta che passate davanti il probabile prossimo partner seduto al tavolo (mi raccomando non chiudete gli occhi mentre ballate, perché ciò viene interpretato come assoluto abbandono al partner del momento, quindi in seguito sarà difficile essere invitati da qualcun altro), 'cabeceatelo'.

Potete ovviamente anche fare il cabeceo ad un altro ballerino che sta ballando accanto a voi. In questo caso non ve ne fate accorgere dal vostro partner, mettereste in pericolo un prossimo invito da parte sua!

Infatti, spesso i ballerini si sentono infastiditi da questo e si girano proprio nel momento dell'avvio di un cabeceo per impedire alla loro dama di farlo e riceverlo. Quindi, senza scomporvi, né alterare la posizione della testa e del petto, guardate. E poi, ragazze, non fatevi scrupoli, anche i vostri ballerini fanno la stessa cosa!

Volete sapere il perché?

Da una parte il tempo delle cortinas per invitare 'ufficialmente' e 'a freddo' è troppo breve: contattando mentre si balla il futuro partner si sveltisce molto l'invito da seduti, d'altra parte è funzionale per chi non vede più bene. Raramente si vede ballare un Viejo Milonguero con gli occhiali e ovviamente las Milongueras li evitano assolutamente! Infine, sentirsi desiderato, grazie agli sguardi insistenti, fa sempre bene ed invoglia a continuare con il tutto, con l'attesa, con il cabeceo e con il ballo!

Parliamo ora di un altro caso in cui l'approccio è difficoltoso, come quando capita in alcune milongas, che le donne sono sedute ai tavoli vicini alla pista, mentre gli uomini si trovano dietro a loro, o può anche succedere che i tavoli di donne e uomini si trovino uno accanto all'altro. Con discrezione girate la testa e guardatevi intorno! Mentre vi spostate per andare al bagno o, nel caso degli uomini, al bar, guardate intensamente la persona prescelta. Ovviamente non sempre tutto ciò funziona! Dovete accettare che non tutti gli inviti silenziosi vadano a buon fine!

Ah, si! Dimenticavo: se volete 'assaggiare' un partner per saperne di più sul suo modo di ballare, invitatelo per gli ultimi due brani o l'ultimo brano della tanda. Non temete, si tratta di un approccio accettato per conoscere una persona nuova in milonga, perché, almeno si dice, che di solito sarà improbabile che un ballerino o una ballerina si giochi la sua reputazione e 'classifica' in sala, invitando una persona che non è al suo livello.

Ma non è vero al 100%! Los Viejos Milongueros apprezzano molto, se vedono noi stranieri, invitare una persona che non è un super ballerino, ma magari un loro amico!

Ora mi rendo perfettamente conto, che spendendo un sacco di soldi per ballare alla Mecca del Tango, si desidera ballare solo con il migliore sulla piazza. È successo anche a me! Poi ho visto come mi hanno invitata, coccolata ed infine apprezzata e quindi mi sono detta 'accidenti se loro si abbassano a ballare con me, desidero rendere ciò che ho avuto' e se oggi mi capita un ballerino meno esperto, ma simpatico e che mi fa desiderare di ballare con lui, lo invito senza esitare!

Invitare una persona esperta per gli ultimi brani di una tanda... può essere preso anche per un insulto! Quindi occhio! Normalmente i ballerini cercano di ballare (almeno fra di loro) tutta l'intera tanda, perché rappresenta il loro posto di considerazione nella classifica dell'ambiente di Tango.

L'ultima parola la vorrei spendere sul famoso 'ballare ad ogni costo' (ma come si fa a non volerlo!), può impedirvi di ballare con chi vorreste davvero ballare o di ballare bene. Quindi sviluppate la vostra pazienza e tutto andrà bene!

XVI Consiglio
Camminare bello, passi vistosi, musica e ritmo

Avete notato ieri notte come era luminosa la sala?

D'altra parte, senza luce niente cabeceo e niente milonga tipica!

Vi sono mancati i ganchos[21], che negli anni Trenta venivano eseguiti solamente dagli uomini? Tutti questi passi appariscenti hanno un significato fortemente sessuale e perciò non vengono ballati, oltre al fatto che occupano troppo spazio in una sala affollata.

Nel Tango che si balla in sala da ballo lo spazio rimane sempre delimitato da quello personale della coppia dato dall'abbraccio. Tutto ciò che esce da questo spazio non è più Tango Milonguero e perciò non è adatto ad essere ballato in milonga!

Questi ultimi passi vengono interpretati e riconosciuti come aggressivi verso gli altri ballerini, mentre tutto ciò che è ballabile nello spazio della coppia aumenta la comunicazione, il piacere reciproco ed è in armonia con la sala.

Quindi niente calcio all'indietro verso gli altri, mentre è permesso il gancho. A Buenos Aires si balla tanti giros (giri), ochos[22] ed ochos cortados[23], passi che esprimono la sorprendente e coinvolgente dedizione maschile verso la propria dama.

Dimenticavo di avvisarvi che per individuare un vero milonguero o un'autentica ballerina porteña, basta osservare se hanno già ai piedi le scarpe con cui balleranno! Solo con il turismo tanguero si è insinuata la moda delle scarpe apposite, che si indossano appena arrivati in milonga (spero che per fare questo vi appartiate in bagno)!

---

[21] Passo in cui un partner avvolge con la propria gamba quella dell'altro

[22] Figura in cui si disegna in terra un 8 e che può essere eseguito in avanti o all'indietro

[23] Ovvero ocho adelante cortado, figura in cui si disegna in terra un 8 (in avanti o meglio accanto al partner), che viene interrotto (cortado)

Avete inoltre osservato come camminano?

La 'caminata' fa nel Tango Argentino la parte del leone: almeno il 95% dei passi si basa su di essa, mentre il resto se lo aggiudica il 'pivot', perciò dobbiamo studiarla ben bene! Meglio solo camminare (ma veramente bene, mi raccomando!), che fare passi e figure stravaganti, che invadano lo spazio degli altri, almeno questo vale per la milonga tipica di Buenos Aires. Se camminate, intendo ballando, con le ginocchia flesse e di conseguenza con il corpo piegato e rilassato, non avrete la possibilità di conoscere una delle vere Dame del Tango o un Viejo Milonguero.

Quindi non spaventiamoci e studiamo un attimo la 'caminata': teniamo le gambe accostate, muovendoci quindi su due linee parallele molto vicine.

Per camminare in avanti muoviamo prima in avanti il busto e, solo dopo che il corpo del partner si è spostato, entriamo con il piede in questo spazio liberato. La gamba che esegue il passo deve essere ovviamente diritta!

Per esercitarsi a tenere le gambe vicine, inseriamo un foglio tra le cosce e camminiamo senza farlo cadere.

Vediamo ora come cammina insieme la coppia: tutte e due possono muoversi su varie combinazioni di linee.

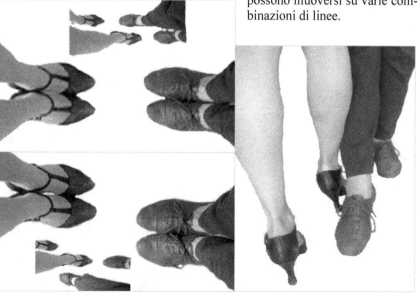

Nel sistema binario sono posizionati frontalmente, nel sistema ternario condividono la linea centrale e nel sistema quaternario ognuno si muove su un binario personale.

Per poter ballare su ternari o quaternari nello stile Milonguero Apilado, i due ballerini devono eseguire una torsione con il busto verso il proprio partner, ma di questo parleremo un'altra volta. O forse…?

Forse abbiamo dimenticato come possiamo essere insieme al partner, rivolgendoci comunque sempre verso di lui, facendo pure cose diverse? Avviene proprio questo nella torsione, dove si cammina uno accanto all'altro pur rimanendo collegati con i petti, i cuori.

Ballando risulta molto facile scambiare il sistema binario e quaternario, mentre per cambiare questi due precedenti con quello ternario c'è la necessità di un piccolo 'trucco': uno dei ballerini deve introdurre una pausa o raddoppiare un passo. Per spiegarmi meglio vorrei invitarvi ad immaginare l'inizio per un ocho atras, che viene ballato in sistema ternario.

Partendo allora con la 'caminata' nel sistema binario, il ballerino può, ad esempio raddoppiare un passo per entrare nel sistema ternario, mentre fa 'pivotare' la sua dama. Per uscirne e quindi rientrare nel solito sistema binario, può raddoppiare, ad esempio, di nuovo un suo passo (ma esistono ovviamente anche altre possibilità d'entrata e d'uscita).

Permettetemi di parlarvi brevemente della musica e dei suoi elementi principali. Il collegamento tra musica e ballo non avviene solamente attraverso i passi a ritmo di musica, ma ricerche su zone celebrali sembrano confermare la teoria che l'uso di strumenti musicali e la danza si sono sviluppati contemporaneamente. Effettivamente non saprei spiegarvi com'è nata la musica: forse da suoni naturali della terra e degli animali, dal battito del nostro cuore, dalla respirazione con l'alternarsi di ispirazione ed espirazione? In ogni caso vorrei convincervi a conoscere meglio i vari componenti della musica. Mi riuscirà?

Innanzitutto, troviamo il ritmo. Il più semplice è composto da due battiti, di cui uno è accentuato e l'altro no, come il battito cardiaco dove la contrazione la sentiamo come un vero battito e il suo successivo rilassamento non lo sentiamo proprio. In questo ritmo possiamo forse, riconoscerne uno

molto antico ed universale? Viene chiamato 2/4 ed asseconda normalmente una musica veloce e spesso d'origine campestre. Questo può essere poi raddoppiato, così risultano accentuati il primo battito ed il terzo, mentre il secondo e il quarto fungono solo da eco. Viene chiamato 4/4 ed è usato per tantissimi generi musicali. Infine, abbiamo anche il ritmo a tre battiti, chiamato 3/4, di cui il primo battito è accentuato, mentre gli altri due no.

Per poter riprodurre i suoni in forma musicale è stata poi inventata la loro scrittura attraverso le note che nei secoli hanno subito varie mutazioni. Necessitano per la musica occidentale, di un pentagramma, cioè di cinque linee orizzontali su cui si raggruppano le note e delle sbarre perpendicolari per segnare un tassello ritmico, chiamato battuta. In essi si trovano ad esempio due battiti per il ritmo 2/4, tre battiti per il ritmo 3/4 e quattro battiti per quello 4/4. Abbiamo anche bisogno di un segno iniziale chiamato chiave musicale, che può variare a seconda del genere e dello strumento e che indica come leggere e interpretare le note.

Ovviamente lì dove abbiamo a che fare con note e suoni, troveremo anche un sistema per indicare la lunghezza dei suoni e delle pause.

Per definire meglio le note sono state create anche delle varie tonalità. Per il nostro sistema di sette suoni diversi sono state definite sette tonalità maggiori, 'allegre', e sette minori, 'tristi'. Queste indicazioni vengono inserite nel pentagramma subito dopo la chiave e prima dell'indicazione ritmica.

La costruzione di un brano musicale varia a seconda del genere che vogliamo comporre o studiare. Nel caso del nostro Tango abbiamo di solito un'introduzione A, poi inizia il brano vero e proprio B, in seguito si aggiunge un'elaborazione più complessa C, nel caso del Tango cantato si aggiunge la voce, e alla fine si riprende il tema iniziale strumentale B per potare il tutto verso un finale più o meno drammatico (ma esistono ovviamente anche altre combinazioni).

Vi chiederete forse come mai vi assillo con tutto ciò? Il ballerino dovrebbe cercare di assecondare o interpretare la musica! Così il ritmo può anche suggerire quale passo deve essere accentuato, magari allungandolo, e quali altri passi sono di minore enfasi, quindi vanno ballati più corti. Le tonalità, allegre o tristi, sono sicuramente di grande ispirazione espressiva. Quasi impossibile sfuggire alla loro supremazia. Immaginatevi per un attimo di voler ballare su musica triste un ballo allegro o viceversa! Impossibile, vero!!?

Conoscere la struttura 'scheletrica' di un brano facilità ovviamente il suo sviluppo nel ballo, così il ballerino non viene sorpreso da un finale inaspettato, anche se esistono Tangos che capovolgono questo concetto e giocano proprio su questo, confondendo i ballerini e facendo finta d'essere arrivati al gran finale per poi riprendere il tutto o magari mancando l'ultimo battito, lasciando i ballerini in un certo senso insoddisfatti e vogliosi di riballare! Dobbiamo studiare meglio il ritmo, non vi pare? Mi rendo conto che per chi non sa nulla di musica, sarà duro.

Ho studiato undici anni lo strumento del diavolo, il violino e quindi di lacrime ne ho piante tante quando non riuscivo ad 'acchiappare' il ritmo giusto, perciò cercherò d'addolcirvi lo studio. Chissà se mi riesce?

Juan D'Arienzo

Mettiamoci quindi un attimo a sedere ed ascoltiamo un Tango ritmato, magari di Juan D'Arienzo (1900-1976), di Rodolfo Alberto Biagi (1906-1969) o di Gerardo Matos Rodriguez (1897-1948) e battiamo con i piedi il ritmo battito per battito, senza doppi tempi o altre variazioni ritmiche: proprio semplicemente alternando i piedi, un colpetto con un piede e poi con l'altro, un battito dopo l'altro. Occhio a fare coincidere precisamente il colpetto con il ritmo!

(Permettetemi una breve interruzione: nell'adiacente disegno abbiamo quattro battiti per una battuta.) ▫▪▪▫

Quando vi sentite sicuri, cercate di raddoppiare i colpetti, cioè per un battito dovrete ora fare due colpetti con i piedi, alternando i piedi o facendoli con lo stesso piede. È anche con questo esercizio, possiamo ancora raddoppiare il tempo. Per calmarci, ritorniamo di nuovo al primo ritmo, cioè un colpetto per battito, per giocare poi con le pause. Le mettiamo all'inizio, alla fine o in mezzo alla battuta.

Se facciamo prolungare la pausa nella successiva unità ritmica, il tutto 'diventa' strano, zoppicante. Infatti, si chiama sincope, proprio per la stessa ragione che un battito mancante del cuore porta lo stesso nome, manca qualche cosa ed il ritmo è fuori regola! Nella musica del nostro Tango questa è un'espressione ritmica relativamente frequente e quindi non ci resta che sperimentarla.

Ora alzatevi. Stando in piedi spesso ci sentiamo meno liberi nei movimenti, comunque proviamo ora a fare qualche passo al ritmo di Tango. Sarà meglio iniziare con le combinazioni ritmiche più facili e poi inserire anche le varie lunghezze del passo. Per la nota con l'accento (per la Milonga a 2/4 e per il Vals a 3/4, è la prima, mentre per il Tango a 4/4 la prima è molto accentuata, mentre la terza è sempre accentuata, ma meno forte) facciamo un passo più lungo, un cambio di direzione e così via, mentre tutti i battiti non accentuati sono di normale o inferiore lunghezza e, quasi quasi, inducono al raddoppio del tempo.

Tutto ciò diventa in un certo senso folle, quando ci mettiamo in coppia, ma questo è proprio il bello, vero? Ricominciate quindi insieme, magari prima solo camminando con le combinazioni ritmiche più facili, per poi via via, iniziare a sperimentare le variazioni più complicate e difficili. Quando finalmente niente vi crea più problemi, fate dei passi più complicati e complessi, come ad esempio un giro, e cambiate anche l'orchestra e lo stile di musica. Insomma, sperimentate tutto!

Spero che vi divertiate un sacco!

XVII Consiglio
Andare a mangiare e anatomia applicata (schiena e torace)

Dovete assolutamente assaggiare la carne argentina! É davvero eccezionale ed era già fonte di ricchezza all'inizio del Novecento. Era il motivo per cui i ricchissimi proprietari terrieri approdavano in grande stile in Europa, a Parigi, per spendere i loro soldi e... diffondere il Tango.

Quindi gustatevi la vostra bistecca, fa anch'essa parte della storia tanguera!

È ottima 'a la parrilla', cioè alla griglia, come il bife de chorizo (lombata), il bife de costillo (costata), il bife de lomo (filetto di manzo), l'ojo de bife (entrecôte), il chorizo (salsicce piccanti), il pollo, le costillas (costolette).

Mangiarla aiuta con le sue proteine il nostro corpo a riparare gli inevitabili 'danni' cellulari, ma potete ovviamente anche mangiare del gustosissimo pesce e dei piatti vegetariani accompagnati da una bella ensalada (insalata) e delle papas fritas (patatine fritte).

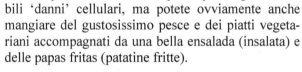

E che cosa beviamo? La birra Quilmes è buona, ma con la carne è quasi d'obbligo ordinare un vino tinto (cioè rosso) magari di Mendoza[#], però sarà difficile dopo fare bella figura in milonga, quindi occhio!

Allora facciamo così, mentre ci avventuriamo in un ristorante e aspettiamo il nostro turno, approfittiamone e studiamo per un secondo la schiena. Va bene?

La schiena è la parte intermedia del nostro asse e quindi la vogliamo rilassata, ma tonica (e questo sarà difficile!) e, mentre balliamo, libera da ogni forzatura o pressione, sia da parte del partner che da parte nostra. Se ci duole è segno che la stiamo sforzando! Perciò correggiamo un'eccessiva iperlordosi lombare, con una retroflessione del bacino (cioè tiriamo il pube verso il naso). In questa maniera la stabilizziamo anche dall'interno, la pancia sparisce nella cavità addominale e le gambe si raddrizzano (perdonatemi queste ripetizioni). A livello dorsale, e quindi in corrispondenza del torace, cerchiamo di non cavare il petto. Deve rimanere rivolto verso il partner per garantire appunto l'appoggio dei petti, almeno nello stile Milonguero Apilado.

Attenzione a non sbagliare e ad appoggiare invece la zona dello stomaco! Potreste andare incontro all'ernia iatale o alla gastrite. E ovviamente dobbiamo tenere la testa alta.

Se teniamo la schiena come si deve, l'appoggio dei petti dei due ballerini avviene in modo naturale e piacevole. Per poter 'autocontrollare' la corretta posizione, possiamo anche ascoltare la nostra respirazione. Se avviene in modo rilassato e non affannato, la posizione della colonna vertebrale sarà ottimale, se invece non è corretta, sorgeranno problemi fisici e respiratori che influiranno negativamente sulla comunicazione nel ballo.

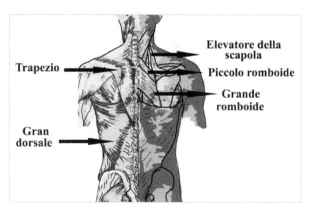

Comunque, per saperne di più sulla schiena, studiamo i suoi muscoli superficiali, che hanno tutti a che fare con la stabilizzazione della spalla (importantissimo per evitare di alzarla nel ballo): uno è il muscolo trapezio, che eleva, abbassa, adduce la spalla e la stabilizza, oltre ad estendere e ruotare sul lato opposto la testa. Segue il muscolo gran dorsale, che oltre ad addurre e intraruotare l'omero, adduce e ruota la scapola, aiutando l'inspirazione.

Quindi guardiamo un po' qualche esercizio:

Questo è l'esercizio DOC per non collassare di petto e così, in piedi, teniamo fermo con una mano l'elastico sullo sterno ed estendiamo con l'altra l'elastico lateralmente guardando nella stessa direzione espirando. Ritornando nella posizione iniziale inspiriamo.

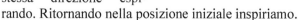

Qui invece rafforziamo la parte superiore della schiena: sempre in piedi, afferriamo con le mani ora l'elastico dietro la schiena. Tirando allontaniamo le mani ed espiriamo, mentre ritornando inspiriamo.

Come abbiamo visto la parte superiore della schiena non può essere trattata senza considerare il torace, che dobbiamo tenere 'aperto' pronto per ricevere la 'pressione' del partner (e non solamente mentre balliamo il Tango), perché garantisce proprio una respirazione libera e comoda.

Vi vorrei invitare quindi ad inspirare con il petto, allargando il torace e lasciarlo così aperto anche quando espirate, un po' come avviene quando annusate un buon profumo, infatti i ballerini porteños si profumano!

Così il punto d'appoggio dei petti è aumentato, le spalle e le braccia vengono 'fissate' al posto giusto e non si muoveranno, perché dovrebbero rimanere ferme per garantire una precisa conduzione, le anche e le gambe sono libere per ogni movimento, la colonna vertebrale si è raddrizzata ed è protetta in particolare la zona lombare grazie all'aumentata pressione endoaddominale.

Il collo è ben fissato ed infine la respirazione avviene facilmente, cosa confermata anche da una minore sudorazione! Senza un torace aperto non esiste ovviamente un appoggio tra i ballerini e tra l'altro incurvando le spalle il petto si ritrae e il delizioso decolleté femminile diventa a qualsiasi età rugoso. No, ragazze!

Questo è indispensabile alla guida ed al seguire e senza questo appoggio si tende a tirare il partner verso di sé con le mani o, peggio ancora, a spingerlo con la testa.

Inoltre, la testa tenderà a cadere in avanti, di conseguenza le gambe si piegheranno e la respirazione diventerà difficoltosa. E questo non vi metterà certo nella condizione fisica ottimale per ballare a lungo.

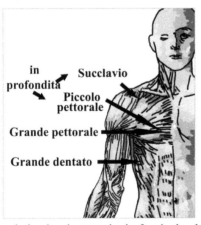

Guardiamo quindi questi muscoli del torace, che aiutano l'inspirazione: il muscolo grande pettorale adduce e intraruota l'omero stabilizzando così il braccio e le spalle.

Poi ci sono anche i muscoli piccolo pettorale, che abbassa la spalla (questo mi sembra davvero importante, non vi pare?), e succlavio, che abbassa la clavicola (anche quello è da non sottovalutare, per non dare l'impressione di essere insicuri!). Infine, troviamo il muscolo grande dentato o anche dentato anteriore, che sposta la scapola in alto, in avanti e in fuori, che dovrebbe invece stare proprio fermo!

I seguenti esercizi aiutano a combattere l'abitudine a spostare in su la spalla e ad aprire il torace. Ultimamente mi sembra che sia di moda farlo. Non saprei per esprimere che cosa, in ogni caso riduce la connessione specialmente tra le mani congiunte dei due ballerini mettendo a rischio la conduzione!

Prendiamo dunque la fascia elastica con le due mani passandola davanti al petto e, espirando, allarghiamo le braccia lateralmente.

Dopodiché passiamo la fascia sulla schiena e ripetiamo il tutto.

XVIII Consiglio

La paura del cabeceo e la scelta dell'abbigliamento giusto

Tornando in milonga, ci rendiamo subito conto che ci vuole occhio per essere invitati. El cabeceo è infatti una cosa 'tremenda', specialmente le prime volte!

Fa quasi male dover guardare così attentamente! Per los milongueros sembrerà sicuramente semplicissimo, ma chi di noi è abituato a guardare, a ricevere e rispondere a sguardi così intensi? E poi forse, noi siamo abituati più a guardarci male che non a mostrare un certo interesse... Perciò guardare intensamente per essere invitati e per invitare forse ci aiuterà anche a scaricare una tensione emotiva negativa. Proviamoci!

Guardiamo e lasciamoci guardare intensamente! E per allenarci ad uno sguardo così intenzionale, vorrei proporre qualche esercizio per rilassare gli occhi: copriamo dunque un occhio con una mano senza premere e guardiamo con l'altro occhio ben aperto intensamente in avanti. Guardiamo poi con tutt'e due gli occhi prima in avanti, poi a sinistra, poi a destra ed inseguito facciamoli roteare. Chiudiamo di nuovo gli occhi e riapriamoli guardando intensamente in avanti. Così saremo finalmente pronti per el cabeceo!

Ma..., aiuto! Che cosa ci mettiamo per la milonga! Apriamo la valigia e... spero che, per risparmiare spazio e per non sgualcirli, abbiate arrotolato i vestiti, vero?

Rimanendo qualche settimana, sicuramente li laverete ogni tanto, quindi è importante portare tutto. Consiglio alle ballerine di portarsi gonne, magliette e camicie piuttosto che vestiti, così potrete combinarle facilmente in modi sempre diversi. E poi se avete davvero dimenticato qualche indumento, potete tranquillamente fare shopping, finché il cambio ce lo permette! Lasciate gioielli e orologi preziosi a casa e portatevi della bigiotteria, altrimenti girare a notte fonda può diventare davvero stressante!

Per l'abbigliamento in generale vorrei consigliare alle ballerine d'osare senza esagerare! Se siete vestite sottotono, non reggerete il confronto con le altre ballerine, se indossate invece dei vestiti molto appariscenti, dovreste essere in grado di ballare veramente in modo impeccabile! Per le milongas pomeridiane senz'altro potete vestirvi anche in modo più semplice e colorato, per la notte sono invece indicati il nero o il rosso.

I nostri ballerini comunque faranno sempre bella figura con l'abbigliamento classico, cioè giacca, camicia bianca o nera e pantaloni scuri.

Vi consiglio quindi di fare un'accurata analisi su come vestirsi, secondo l'orario e la sala, per poter migliorare via via il look. Evitate vestiti di stoffa rigida (ovviamente niente jeans). In particolare, i vestiti femminili dovrebbero essere di stoffa morbida per farli fluttuare nei giri. Lasciate a casa le cinture con fibbia grossa, che potrebbe 'grattare' sul vestito del partner e in ogni caso niente cinture o stringhe che impediscono un movimento libero.

Se indossate i collant, vi consiglio per l'estate quelli a rete larga perché deviano l'attenzione da eventuali capillari rotti lasciando comunque traspirare la pelle. Se voi ragazze vi sentite imbarazzate per l'appoggio del seno, indossate un reggiseno imbottito e verificate già a casa se, ballando il vestito o la maglia si sposta intorno al decolleté, se sì sarebbe meglio fissare con due, tre punti il reggiseno al vestito.

Per tutti vorrei consigliare di scegliere un tipo di stoffa che permetta la traspirazione e non trattenga un odore sgradevole. Ovvio, vero?

Ultimissima parola alle nostre ballerine: indossate pure un vestito o maglietta con un decolleté generoso o qualche indumento che lasci la schiena nuda. A questo proposito vi consiglio di mettere in valigia una crema nutriente per il corpo, che fa apparire la pelle più liscia, luminosa e bella. E visto che ci siamo... anche qualche crema d'urto per il viso nutriente e defaticante, non guasterebbe, visto che vogliamo ballare, ballare, ballare. Le gonne possono avere spacchi frontali, posteriori, laterali o diagonali, ma in genere non dovrebbero essere né troppo lunghe né troppo corte: mentre ci si appoggia al partner frontalmente si abbasseranno e sul retro si solleveranno spesso con esiti imbarazzanti!

Se siete amanti dei pantaloni, sappiate che nelle milongas tipiche non sono proprio i benvenuti, los porteños preferiscono, senza dubbio, la donna con la gonna! Sono invece frequenti nelle sale da ballo dello stile Tango Nuevo e Neo Tango.

Mi viene ora in mente un'altra cosa: pizzi e tessuti simili fanno sempre colpo!

Infine, un avvertimento: state molto attenti ai tessuti che fanno vedere le eventuali macchie di sudore, che ripugnano abbastanza i nostri ballerini!

E siamo finalmente pronti per andare a ballare!

XIX Consiglio
La vita in milonga, infinite domande e l'appoggio dei petti

In milonga praticamente tutti sanno tutto. Guardano prima di invitarti. Osservando come balli ti conoscono già e questa potrebbe essere una delle ragioni per invitarti. Quindi vediamo un po' se possiamo capire in base a cosa ti giudicano:

Se balli con le ginocchia piegate, potrebbe essere un segno che ti 'pieghi' facilmente. Se nel passo in avanti pieghi di nuovo il ginocchio, potrebbe essere che ti muovi in modo 'molle'. Se ti fai condurre passivamente, forse riveli come agisci nella vita: ti devono trascinare...

Se la ballerina, nell'abbraccio, tira il collo del ballerino verso di sé, probabilmente desidera che lui cambi il suo 'asse' (e le sue abitudini!) per esserle più vicino. Se il ballerino stringe o storce la mano destra della ballerina o le comprime il torace, potrebbe significare che tende a 'schiacciare' la sua dama. Le mani 'molli' in partenza sono odiose e sicuramente non danno una buona impressione.

Voi ballerini, per piacere non alzate il pollice della mano sinistra: questo a Buenos Aires viene interpretato come un chiaro riferimento allo stato del vostro membro e voi ballerine, per piacere appoggiate l'intera mano destra e non aggrappatevi al solo pollice del vostro partner...!

Se tutt'e due i ballerini si danno la mano in modo che si crei all'interno una cavità, vuol dire che essi gradiscono solo l'illusione 'dell'insieme' senza cercarla sul serio, appunto con il totale appoggio dei palmi.

Abbracciando il ballerino non girate la testa a sinistra: così segnalate che non gradite... magari il suo profumo o che cosa?? E i vostri capelli gli finiscono in bocca e lui non vede più niente! Se le mani si uniscono in modo rigido durante il ballo, significa che non siete ancora pronti per il ballo o che siete forse troppo eccitati.

Staccare le mani e cambiare la posizioni mentre ballate fa intuire che forse non siete così tanto sicuri della vostra scelta. In ogni caso state cambiando l'assetto della coppia, abbandonate quella che avete creato all'inizio e questo non va per niente bene!

Premendo con la testa su quella del partner vi dichiarate una persona 'cervellotica' ed insicura, non proprio quella che si cerca per un ballo! La testa 'cascante' invece induce a pensare di nuovo che la persona non sia proprio sicura di sé e, se la ballerina non esegue nessun pivot o ne fa uno incompleto, forse sarà pure diligente, ma infine noiosa perché il suo bacino rimane fermo e non gira, ed è un bacino che gira molto, quello che los Viejos Milongueros di Buenos Aires preferiscono, perché promette gioie indescrivibili!

Spostare il bacino avanti indica voglia di sesso, mentre tirarlo indietro il proprio negarsi.

Così se non ci appoggiamo, non dobbiamo aspettarci che il partner si appoggi. L'appoggio è anche una espressione di fiducia in chi balla con noi e quindi: nessun appoggio, nessuna fiducia!

Nel caso che vi appoggiate premendo però la partner verso il basso, la bloccate al suolo e le impedite il suo libero movimento, cosa che non risulta affatto invitante per i ballerini di ambedue sessi, non vi pare?

Se, cari ballerini, vi fate poi disturbare dai firuletes[24] femminili, la ballerina penserà sicuramente che siete poco concentrati, non sicuri di voi, quindi probabilmente non si fiderà di voi...

Così diventa evidente che ballare 'bene', cioè in asse, senza piegare le ginocchia, almeno quando non serve, e non con una testa cascante, senza dare un appoggio vero e proprio, segno spesso di una bassa autostima e scarsa fiducia nel vostro ballo, non dimostra solo una buona tecnica, ma è anche una presentazione di voi stessi e del vostro fascino, il quale indurrà anche gli altri ad invitarvi! Nascondendo la bocca con la mano, las Milongueras sussurrano che, come uno balla il Tango, così fa anche all'amore...

Comunque, in milonga vi consiglio d'essere discreti, è un atteggiamento che serve a tutti!

Nelle sale da ballo ci sono tanti che ballano solamente la musica che gli piace e quindi non tutte le tandas, perciò guardano e guardano. Come vi avevo già detto: tutti sanno tutto di tutti, sanno chi sta con chi, anche se si sono seduti separatamente (perché il corpo parla da sé!), e chi è sulla via della rottura anche se sono magari seduti insieme. Quindi un po' di discrezione non guasta,

---

[24] Firuletes ovvero decorazioni ballate

visto che potremmo essere noi le 'vittime' delle prossime chiacchiere sulla vita in milonga con i suoi amori, odi, ripicche, tradimenti, tristezze e gioie, drammi e trame. E i drammi in milonga sono molteplici: sono quelli dell'individuo, della coppia e dell'insieme di tutti!

In ogni caso la cosa migliore è arrivare in milonga da soli! Non illudetevi, los Viejos Milongueros sanno esattamente se vi siete divisi dal vostro uomo, donna o amici qualche metro prima dell'ingresso. Lo sanno, lo sanno, sanno chi sta con chi, ricordatevelo! Attenzione! Se entrate in coppia e vi sedete separatamente, potreste segnalare varie cose: la vostra buona volontà di ballare con tutti, una probabile rottura con il vostro partner o che voi siete liberi e disponibili per ballare con tutti gli altri.

Mentre ascolto la musica, sono assillata da tante domande: quale è il mio tanguero preferito? É quello che non mi lascia nessun'altra scelta che quella di seguirlo? É quello romantico che aspetta ascoltandomi? É quello che balla il ritmo sui passi del quale posso 'cantare' ballando? É quello che mi canta il brano e che mi permette di ballare con i miei piedini il ritmo a doppio tempo…? (Mi viene in mente un'altra cosa, scusatemi! Ultimamente ho notato che con 'doppio tempo' si intende spesso il controtempo, ma questo ovviamente è assurdo perché il primo si fa più veloce, mentre l'altro è sinonimo della sincope, che abbiamo già conosciuto, vero?)

Sarà quindi il mio ballerino preferito quello che si muove velocemente o quello che mi fa tremare d'anticipazione nelle infinite pause?

E con quale ballerina vorrà ballare lui: quella che lo segue docilmente, quella che lo segue esprimendo però anche la sua personalità, quella che esagera nelle sue 'risposte' o quella che 'risponde sussurrando'? Sarà la prescelta colei che lo contrappoggia in qualsiasi inclinazione, quella che esegue velocissimi firuletes o quella che lo avvolge con i suoi giri esagerati?

Permettetemi una piccola parentesi! Non vi farete mica abbindolare dall'aspetto dei vostri ballerini e ballerine, vero? Nel Tango la bellezza non c'entra e neanche l'età. Spesso i ballerini con la pancia sono veramente superbi. Danno un appoggio ampio (ovviamente non sporgon avanti la pancia, ma il petto!) e reggono perciò una forte forza centrifuga meglio degli altri, fatto ottimale per il Vals. Infatti, una caratteristica del Tango, almeno quello Milonguero Apilado, è che il ballerino cercherà sempre la ballerina più brava a prescindere dalla sua età e dal suo aspetto e lo stesso vale ovviamente viceversa!

Posso darvi qualche consiglio sull'aspetto fisico? Chi tende ad essere più abbondante, potrebbe sforzarsi di sentirsi leggero e libero nel movimento, mettere attenzione alla propria colonna vertebrale e ad essere meno 'fagocitante', cioè voler per forza inglobare tutto e tutti. Chi è magro incontrerà più problemi nel ballo e quindi potrebbe immaginarsi d'essere più pesante per combattere l'abitudine a saltellare e potrebbe anche cercare di diventare più generoso.

Ma vorrei finire con le mie domande e mi chiedo allora quale musica mi piace di più: quella ritmata e veloce, quella romantica e lenta, quella semplice o quella complicata, quella allegra o quella triste, quella strumentale o quella cantata? Quale sarà la mia preferita? Lo vorrei sapere per poter 'pianificare' la mia serata in milonga, visto che tutti lo fanno, per sapere quale musica voglio, anzi devo ballare e con chi, cioè con quale ballerino o ballerina?

E quali passi vorrei ballare su quale musica? Posso pure farmi una lista dei passi e quando li vorrei ballare, ma ballandoli noto spesso che sono troppi per un solo brano. Impossibile ballarli tutti!

Quindi faccio quello che ogni vero Viejo Milonguero fa: ballo meno passi, ma sbizzarrendomi con il ritmo! In un certo senso così il principiante si avvicina al ballerino di livello avanzato: il primo non sa ballare tanti passi e il secondo sceglie di ballare meno per poter brillare in milonga.

Ballate poi anche le poesie! Prendete un brano che vi piace molto, provate a tradurlo, magari aiutatevi con un programma di traduzione online, non è così difficile, e cercate la prossima volta, di ballare non solo la musica, ma anche il significato delle parole.

Questo mi porta subito ad un'altra domanda: quale poesia vorrei ballare con quale ballerino e sulla musica di quale orchestra? Ma mi chiedo anche quale musica-poesia-ballerino si addica meglio al mio stato d'animo, cioè quando sono allegra, sorridente e felice, quando sono invece depressa, triste o mi viene a piangere (in questo caso il ballerino ideale, la musica e le poesie giuste possono davvero fare miracoli!), quando sono arrabbiata, scontrosa, agitata o calma, quando mi sento forte, debole o quando sono desiderosa di ballare a tutti i costi. Per tutte queste situazioni esiste una 'medicina ballata'!

Alla domanda se il ballerino ideale esiste, posso solo rispondere che non si sa mai e quindi non dovete fare altro che ballare, ballare e ballare con tutti, a qualsiasi livello, per trovare un 'tesoro nascosto', che aspetta solo voi!

Se siete appassionati, come me, del Tango de Salón Apilado, dove si assume una posizione a V rovesciata, prestate attenzione all'appoggio del petto (so che mi ripeto).

Prima però di studiarlo a fondo, vorrei farvi notare un particolare:

secondo dove vi trovate nel triangolo che si crea, vi appoggerete o meno con i petti.

Ciò vuol dire che, se non volete appoggiarvi, dovreste in ogni caso inclinarvi verso il vostro partner.

Questo ci permette di ballare anche con partner che non vogliono appoggiarsi o che non conoscono la tecnica del Tango Milonguero (de Salón) Apilado!

Ed evitiamo anche d'assumere una posizione semplicemente perpendicolare, che porta ad un impiego eccessivo delle mani e delle braccia nella guida.

Allora su quali punti dobbiamo, ballerini e ballerine, concentrarci? Cerchiamo di non mettere la testa tra voi e il partner, come ad esempio succede quando guardate in basso per controllare passi e figure, allontanando di conseguenza il vostro partner: cercano soldi ('buscan monedas') dicono los Viejos Milongueros, ma lo stesso si dice anche in qualche sala da ballo della Puglia!

Perciò ricordiamoci di nuovo che:

Nell'appoggio del busto non è compreso l'appoggio della testa, quindi non dobbiamo premerla contro quella del partner, cosa che fra l'altro fa male alla cervicale e storce l'asse! Premendo con la testa su quella del partner vi dichiarate una persona 'cervellotica' ed insicura, non proprio quella che si cerca per un ballo! La testa 'cascante' invece induce a pensare di nuovo che la persona non sia proprio sicura di sé e, se la ballerina non esegue nessun pivot o ne fa uno incompleto, forse sarà pure diligente, ma infine noiosa perché il suo bacino rimane fermo e non gira, ed è un bacino che gira molto, quello che los Viejos Milongueros di Buenos Aires preferiscono, perché promette gioie indescrivibili!

Spostare il bacino avanti indica voglia di sesso, mentre tirarlo indietro il proprio negarsi.

Così se non ci appoggiamo, non dobbiamo aspettarci che il partner si appoggi. L'appoggio è anche una espressione di fiducia in chi balla con noi e quindi: nessun appoggio, nessuna fiducia!

Nel caso che vi appoggiate premendo però la partner verso il basso, la bloccate al suolo e le impedite il suo libero movimento, cosa che non risulta affatto invitante per i ballerini di ambedue sessi, non vi pare?

Se, cari ballerini, vi fate poi disturbare dai firuletes[25] femminili, la ballerina penserà sicuramente che siete poco concentrati, non sicuri di voi, quindi probabilmente non si fiderà di voi...

Così diventa evidente che ballare 'bene', cioè in asse, senza piegare le ginocchia, almeno quando non serve, e non con una testa cascante, senza dare un appoggio vero e proprio, segno spesso di una bassa autostima e scarsa fiducia nel vostro ballo, non dimostra solo una buona tecnica, ma è anche una presentazione di voi stessi e del vostro fascino, il quale indurrà anche gli altri ad invitarvi! Nascondendo la bocca con la mano, las Milongueras sussurrano che, come uno balla il Tango, così fa anche all'amore…

Comunque, in milonga vi consiglio d'essere discreti, è un atteggiamento che serve a tutti!

Nelle sale da ballo ci sono tanti che ballano solamente la musica che gli piace e quindi non tutte le tandas, perciò guardano e guardano. Come vi avevo già detto: tutti sanno tutto di tutti, sanno chi sta con chi, anche se si sono seduti separatamente (perché il corpo parla da sé!), e chi è sulla via della rottura anche se sono magari seduti insieme. Quindi un po' di discrezione non guasta, visto che potremmo essere noi le 'vittime' delle prossime chiacchiere sulla vita in milonga con i suoi amori, odi, ripicche, tradimenti, tristezze e gioie, drammi e trame. E i drammi in milonga sono molteplici: sono quelli dell'individuo, della coppia e dell'insieme di tutti!

In ogni caso la cosa migliore è arrivare in milonga da soli! Non illudetevi, los Viejos Milongueros sanno esattamente se vi siete divisi dal vostro uomo, donna o amici qualche metro prima dell'ingresso. Lo sanno, lo sanno, sanno chi sta con chi, ricordatevelo! Attenzione! Se entrate in coppia e vi sedete separatamente, potreste segnalare varie cose: la vostra buona volontà di ballare con tutti, una probabile rottura con il vostro partner o che voi siete liberi e disponibili per ballare con tutti gli altri.

Mentre ascolto la musica, sono assillata da tante domande: quale è il mio tanguero preferito? É quello che non mi lascia nessun'altra scelta che quella

---

[25] Firuletes ovvero decorazioni ballate

di seguirlo? É quello romantico che aspetta ascoltandomi? É quello che balla il ritmo sui passi del quale posso 'cantare' ballando? É quello che mi canta il brano e che mi permette di ballare con i miei piedini il ritmo a doppio tempo...? (Mi viene in mente un'altra cosa, scusatemi! Ultimamente ho notato che con 'doppio tempo' si intende spesso il controtempo, ma questo ovviamente è assurdo perché il primo si fa più veloce, mentre l'altro è sinonimo della sincope, che abbiamo già conosciuto, vero?)

Sarà quindi il mio ballerino preferito quello che si muove velocemente o quello che mi fa tremare d'anticipazione nelle infinite pause?

E con quale ballerina vorrà ballare lui: quella che lo segue docilmente, quella che lo segue esprimendo però anche la sua personalità, quella che esagera nelle sue 'risposte' o quella che 'risponde sussurrando'? Sarà la prescelta colei che lo contrappoggia in qualsiasi inclinazione, quella che esegue velocissimi firuletes o quella che lo avvolge con i suoi giri esagerati?

Permettetemi una piccola parentesi! Non vi farete mica abbindolare dall'aspetto dei vostri ballerini e ballerine, vero? Nel Tango la bellezza non c'entra e neanche l'età. Spesso i ballerini con la pancia sono veramente superbi. Danno un appoggio ampio (ovviamente non sporgono avanti la pancia, ma il petto!) e reggono perciò una forte forza centrifuga meglio degli altri, fatto ottimale per il Vals. Infatti, una caratteristica del Tango, almeno quello Milonguero Apilado, è che il ballerino cercherà sempre la ballerina più brava a prescindere dalla sua età e dal suo aspetto e lo stesso vale ovviamente viceversa!

Posso darvi qualche consiglio sull'aspetto fisico? Chi tende ad essere più abbondante, potrebbe sforzarsi di sentirsi leggero e libero nel movimento, mettere attenzione alla propria colonna vertebrale e ad essere meno 'fagocitante', cioè voler per forza inglobare tutto e tutti. Chi è magro incontrerà più problemi nel ballo e quindi potrebbe immaginarsi d'essere più pesante per combattere l'abitudine a saltellare e potrebbe anche cercare di diventare più generoso.

Ma vorrei finire con le mie domande e mi chiedo allora quale musica mi piace di più: quella ritmata e veloce, quella romantica e lenta, quella semplice o quella complicata, quella allegra o quella triste, quella strumentale o quella cantata? Quale sarà la mia preferita? Lo vorrei sapere per poter 'pianificare' la mia serata in milonga, visto che tutti lo fanno, per sapere quale musica voglio, anzi devo ballare e con chi, cioè con quale ballerino o ballerina?

E quali passi vorrei ballare su quale musica? Posso pure farmi una lista dei passi e quando li vorrei ballare, ma ballandoli noto spesso che sono troppi per un solo brano. Impossibile ballarli tutti!

Quindi faccio quello che ogni vero Viejo Milonguero fa: ballo meno passi, ma sbizzarrendomi con il ritmo! In un certo senso così il principiante si avvicina al ballerino di livello avanzato: il primo non sa ballare tanti passi e il secondo sceglie di ballare meno per poter brillare in milonga.

Ballate poi anche le poesie! Prendete un brano che vi piace molto, provate a tradurlo, magari aiutatevi con un programma di traduzione online, non è così difficile, e cercate la prossima volta, di ballare non solo la musica, ma anche il significato delle parole.

Questo mi porta subito ad un'altra domanda: quale poesia vorrei ballare con quale ballerino e sulla musica di quale orchestra? Ma mi chiedo anche quale musica-poesia-ballerino si addica meglio al mio stato d'animo, cioè quando sono allegra, sorridente e felice, quando sono invece depressa, triste o mi viene a piangere (in questo caso il ballerino ideale, la musica e le poesie giuste possono davvero fare miracoli!), quando sono arrabbiata, scontrosa, agitata o calma, quando mi sento forte, debole o quando sono desiderosa di ballare a tutti i costi. Per tutte queste situazioni esiste una 'medicina ballata'!

Alla domanda se il ballerino ideale esiste, posso solo rispondere che non si sa mai e quindi non dovete fare altro che ballare, ballare e ballare con tutti, a qualsiasi livello, per trovare un 'tesoro nascosto', che aspetta solo voi!

Se siete appassionati, come me, del Tango de Salón Apilado, dove si assume una posizione a V rovesciata, prestate attenzione all'appoggio del petto (so che mi ripeto).

Prima però di studiarlo a fondo, vorrei farvi notare un particolare: secondo dove vi trovate nel triangolo che si crea, vi appoggerete o meno con i petti.

Ciò vuol dire che, se non volete appoggiarvi, dovreste in ogni caso inclinarvi verso il vostro partner.

Questo ci permette di ballare anche con partner che non vogliono appoggiarsi o che non conoscono la tecnica del Tango Milonguero (de Salón)

Apilado!

Ed evitiamo anche d'assumere una posizione semplicemente perpendicolare, che porta ad un impiego eccessivo delle mani e delle braccia nella guida.

Allora su quali punti dobbiamo, ballerini e ballerine, concentrarci? Cerchiamo di non mettere la testa tra voi e il partner, come ad esempio succede quando guardate in basso per controllare passi e figure, allontanando di conseguenza il vostro partner: cercano soldi ('buscan monedas') dicono los Viejos Milongueros, ma lo stesso si dice anche in qualche sala da ballo della Puglia!

Perciò ricordiamoci di nuovo che:

- Nell'appoggio del busto non è compreso l'appoggio della testa, quindi non dobbiamo premerla contro quella del partner, cosa che fra l'altro fa male alla cervicale e storce l'asse!
- Nel Tango Milonguero Apilado, la pressione tra i ballerini può essere abbastanza forte. Viene generata dai piedi e non dall'anca in su, il che provocherebbe solamente una dolorosa iperlordosi lombare. I piedi spingono verso l'alto, verso la congiunzione dei due ballerini.
- In ogni caso appoggiamo lo sterno e non lo stomaco (per una ideale parità d'altezza tra i ballerini). Appoggiandosi sullo stomaco, non intendo ora la pancia, si crea come naturale conseguenza una iperlordosi lombare e problemi che coinvolgono lo stomaco (avevamo già parlato del rischio dell'ernia iatale e della gastrite, vero?).
- Non appoggiate il decolleté, ragazze, mi raccomando, ma il petto, come dovrebbe fare anche il vostro partner!
- Nel caso di una differenza d'altezza la persona più bassa appoggerà il petto, mentre la persona più alta deve resistere alla tentazione di chinarsi sulla persona più piccola (so che questo è un duro compito, ma dovete resistere per non inchiodare verso il basso il partner con il vostro peso, impedendogli così di muoversi liberamente!).
- Quindi senza un appoggio corretto non sarà possibile una connessione energetica per la guida e il seguire e per l'interpretazione della musica! Appoggiati correttamente invece avrete automaticamente un'asse ottimale, che rende facilissima la guida, il seguire, ed il ballare insieme.
- Nel Tango Milonguero Apilado, la pressione tra i ballerini può essere abbastanza forte. Viene generata dai piedi e non dall'anca in su, il che provocherebbe solamente una dolorosa iperlordosi lombare. I piedi spingono verso l'alto, verso la congiunzione dei due ballerini.
- In ogni caso appoggiamo lo sterno e non lo stomaco (per una ideale parità

d'altezza tra i ballerini). Appoggiandosi sullo stomaco, non intendo ora la pancia, si crea come naturale conseguenza una iperlordosi lombare e problemi che coinvolgono lo stomaco (avevamo già parlato del rischio dell'ernia iatale e della gastrite, vero?).

- Non appoggiate il decolleté, ragazze, mi raccomando, ma il petto, come dovrebbe fare anche il vostro partner!
- Nel caso di una differenza d'altezza la persona più bassa appoggerà il petto, mentre la persona più alta deve resistere alla tentazione di chinarsi sulla persona più piccola (so che questo è un duro compito, ma dovete resistere per non inchiodare verso il basso il partner con il vostro peso, impedendogli così di muoversi liberamente!).

Quindi senza un appoggio corretto non sarà possibile una connessione energetica per la guida e il seguire e per l'interpretazione della musica! Appoggiati correttamente invece avrete automaticamente un'asse ottimale, che rende facilissima la guida, il seguire, ed il ballare insieme.

XX Consiglio

Dolori di cuore ed il rifiuto

Quanto può essere doloroso ballare in milonga (e in questo momento non mi riferisco ai nostri piedi!). Si soffre quando non è presente il ballerino preferito o quando c'è ma non ci guarda e lo stesso succede quando la ballerina preferita non appare o non ci considera. Infatti, in milonga l'uomo e la donna vivono gli stessi drammi e nelle milongas tipicas fanno di tutto per nasconderli. Quindi frequentando le milongas prima o poi dobbiamo affrontare il problema 'rifiuto'. Non vi pare?

Oggi si sa che nel caso del rifiuto sociale nel cervello vengono attivate le stesse parti collegate al dolore fisico. Quindi il rifiuto, specialmente se ripetuto ci nuoce, abbassa le nostre difese immunitarie e ci rende soggetti a malattie varie e alla depressione.

Se invece non veniamo rifiutati, il corpo risponde producendo endorfine, gli ormoni del benessere, che combattono le malattie e ci fanno sentire benissimo! E poi mettiamoci una mano sul cuore, lo sapevamo da sempre che sentirsi rifiutati fa male! Vero?

È questo senz'altro anche una delle cause principali per cui i ballerini smettono di ballare e di frequentare le milongas: il rifiuto ha fatto disamorare la persona dal Tango e quindi mi sembra un tema tanguero importante su cui soffermarci!

Vorrei confessarvi una cosa spesso taciuta: in milonga il rifiuto esiste, possiamo solamente scegliere il modo in cui 'applicarlo'. Per renderlo meno traumatizzante viene infatti 'praticato' attraverso il cabeceo! Così si elimina il rifiuto a voce! Rimane però il disagio di 'sentirsi rifiutato', quando nessuno risponde ai nostri sguardi, situazione particolarmente stressante. Ma perché?

Dopo esserci liberati dai nostri impegni, ci siamo preparati il che comprende di munirsi di vestiti adatti, scarpe, trucco e bigiotteria, ci siamo spostati, spesso anche da molto lontano, siamo tutti eccitati e desiderosi di ballare e di divertirci, pronti a sperimentare quelle sensazioni e quei sentimenti che, lo sappiamo, il Tango ci può regalare. Poi... niente! Nessuno sguardo d'invito! Niente di niente! Nessun ballo da goderci!

A seconda dell'individuo, 'il tempo per scoraggiarsi' può variare, ma prima o poi arriviamo a sentirci proprio male, non desiderati! E dentro di noi il nostro spirito dolce ed entusiasta si indurisce e forma una corazza per proteggerci da questo dolore, dolore che proviene, appunto, dal sentirsi respinti. Nessuno vuole la nostra complicità di creare ballando, qualcosa di unico e irripetibile, non la vuole proprio nessuno!

Prima di proseguire vediamo quindi, che cosa potrebbe essere interpretato come rifiuto: certamente il non essere invitato, non essere invitato da persone che conosciamo, non essere invitato da persone che normalmente ci invitano, non essere invitato da persone con cui si vorrebbe ballare. Altre cause per sentirsi rifiutati, almeno nelle milongas nostrane, sono il dover chiedere di ballare e dover parlare a lungo con persone con cui si vorrebbe ballare e che poi non ci invitano.

A queste due situazioni non sarebbe quasi da preferire il cabeceo porteño, almeno così uno si sentirebbe meno umiliato?

Allora che fare? Ricordarsi come ci si sentiva all'inizio, da principianti durante le prime esperienze nelle milongas, sia di Buenos Aires sia nostrane, sicuramente ci aiuta a diventare più generosi nell'invito. Non rendere ciò che abbiamo avuto in precedenza, alla lunga non rende felici ed è sempre un segno che non abbiamo appreso il comportamento tipicamente porteño nelle sue balere.

Quanti balli meravigliosi avremo perso, perché non ci siamo lanciati nell'invitare persone sconosciute e quanti, perché altri non ci hanno invitati? É proprio un vero peccato, non vi sembra?

D'altra parte, ci deve pure essere la possibilità di rifiutare, non siamo mica macchine! Perciò occhio! Rifiutare un ballo richiede grande sensibilità! Meglio sarebbe allenarsi al 'non-rifiuto'. Non fraintendetemi, non dobbiamo ballare con tutti, ma non sarebbe male se potessimo metterci un pizzico di curiosità in più, come quando ci mettiamo un po' di profumo, un rossetto e delle scarpe nuove. Perché non 'imporsi' allora a ballare ogni volta con due, tre persone sconosciute? Perché non ci esercitiamo, oltre che nei passi e nelle traduzioni danzanti della musica, anche nella socializzazione con tutti, cosa così tipica delle milongas porteñas?

Del resto, il rifiuto fa parte delle esperienze generali della vita e, forse, non sarebbe male imparare a saper rifiutare con garbo, con un pizzico di charme modulando il timbro della voce in tal modo che non diventi un rifiuto secco. Evitiamo gli sguardi e se poi vediamo arrivare qualcuno (certamente non a Buenos Aires, mi auguro! Altrimenti siamo capitati nella milonga sbagliata, cioè in una 'non tipica'), possiamo anche defilarci per andare in bagno ad incipriarci o spostarci per chiacchierare con gli altri. Quindi non vi sembra meglio e meno doloroso el cabeceo?

Ma la domanda rimane sempre la stessa: 'Ma perché nessuno mi invita?' Forse il disagio nell'altra persona si crea perché usiamo un profumo che non asseconda il nostro odore naturale, forse abbiamo l'alito pesante? Mettiamo quindi attenzione a cosa mangiamo, da evitare ovviamente l'aglio e la cipolla, per non avere un odore o un sudore sgradevoli.

Forse il nostro atteggiamento è troppo aggressivo o forse troppo timido? Abbiamo magari pretese esagerate come il voler ballare sempre e solo con i più bravi o abbiamo così poca autostima che già in partenza ci sentiamo dei falliti? Scarichiamo magari i nostri disagi personali sul partner o forse abbiamo problemi già a monte con l'ambiente milonga?

Indaghiamo di nuovo su un altro dramma personale: il partner preferito non si presenta o non ci guarda, non ci invita, insomma non ci considera per niente. Che cosa possiamo fare e come possiamo comportarci? Dobbiamo non considerarlo affatto (difficilissimo, lo so!), far finta di non considerarlo (ancora più difficile!) o insistere e guardare per invogliarlo ad invitarci (questo spesso risulta molto frustrante, perché se uno non ne ha voglia... non ne ha voglia!)? Magari proviamo ad accettare la situazione non insistendo e cerchiamo di consolarci con altri partner (non male questa opzione, anche se, comunque, il nostro cuore rimane infranto, vero?). Almeno così lui o lei vede che ci sono altri che apprezzano ciò che lui o lei snobba!

Infatti, nelle milongas porteñas la vita non è fatto solo di ballo, spiacente! Ma ci si va proprio per vedere se lui o lei ci sono. Se non c'è, spesso si va via per dimenticare il dispiacere o per cercarlo altrove, in un'altra milonga.

Ma ora, con la loro economia così sfavorevole gli argentini hanno dovuto rivedere le loro abitudini e cambiano milonga meno spesso in una notte. Se invece decidiamo di rimanere, spesso balliamo male e questo, cari ballerini, è assolutamente da evitare. Quindi inventatevi una vostra strategia di sopravvivenza in caso di frustrazioni e entrate e uscite sempre sorridendo!

Perciò mi raccomando: niente musi lunghi!!

XXI Consiglio
Piccoli accorgimenti per la milonga; turismo e anatomia applicata (braccia e spalle)

Se non vi dispiacesse, vorrei ritornare a suggerirvi delle strategie per farsi invitare. In pista durante le pause si usa salutare gli amici e questo potrebbe essere un modo valido, specialmente se siete molto miopi, per conoscere qualcun altro. Magari vi diranno anche che siete i più bravi del mondo e questo sicuramente è molto gratificante, anche se non dovete assolutamente credergli! Fare complimenti esagerati fa parte del gioco! Si può anche rifiutarsi ostinatamente all'invito oculare, per poi avere il massimo dell'attenzione quando lo accettate e lo stesso vale se fate capire che siete stanchi e volete andare via! Se dopo, ballando, dimostrate d'essere invece tutto pimpante, il partner si sentirà molto gratificato.

Se vi sta a cuore che il vostro partner provi piacere nel ballare con voi, fate di tutto per farlo brillare davanti agli altri ballerini, farete davvero colpo non solo su lui, ma proprio su tutti! Lo stesso vale se ballate senza ritegno 'offrendovi' e rendendovi 'disponibili' per il vostro partner (questo vale sia per i ballerini che le ballerine!!) godendo senza vergogna di questo ballo condiviso. Sappiate che, volendo o non volendo, nel ballo rivelate il vostro modo di fare all'amore.

Sicuramente la ferrea regola per cui si può ballare solamente due tandas per sala da ballo, con lo stesso partner, aumenta notevolmente il desiderio di ballare ancora insieme. Che vorrà dire, vi chiederete quindi?

In una milonga tipica potete invitare lo stesso partner solo per due tandas, il che già significa il massimo del gradimento danzante, altrimenti gli altri vi considereranno in coppia e non vi inviteranno più, e questo non lo vogliamo, vero?

Negli ultimi anni anche tanti argentini si sono accostati al Tango (non avrete mica creduto che, essendo nativi, sappiano automaticamente ballarlo, vero?) e così si è creato una vasta offerta di milongas con diverse qualità di ballo. Se quindi volete ballare di più con il partner preferito, dovreste cambiare milonga, magari scegliendone anche una di minore importanza, dove potrete di nuovo ballare altre due tandas insieme!

Allo stesso modo, se notate che non ballate affatto in una determinata milonga: frequentatene semplicemente un'altra e poi vedete cosa succede ritornando in quella iniziale! Anche per queste ragioni nella 'Mecca del Tango' esistono salóns de baile dal pomeriggio fino all'alba, di qualsiasi livello e qualità. Ma oggi, come vi avevo già accennato prima, tutto sta per cambiare: solo alcuni Viejos Milongueros possono inseguire questa antica e simpatica usanza, perché entrano gratis, cambiando spesso milonga nella stessa notte.

Ora lasciamo stare tutto questo! Vi porterò invece un po' in giro. Che ne dite? Se i dispiaceri del ballo sono davvero troppi, ottimi posti per piangere e sfogarsi... sono i due grandi cimiteri. Qualcuno mi ha detto una volta, che a Buenos Aires dopo tante notti di Tango le lacrime arrivano facilmente, sarà per l'esaurimento nervoso?

Tomba di Carlos Gardel

Nel Cementerio de la Chacarita[26], creato per poter accogliere tutte le vittime di quella famosa epidemia di febbre gialla nel 1871, troverete, con un po' di pazienza, le tombe di tanti personaggi importanti del Tango: del cantante e compositore Carlos Acuña (1915-1999), del cantante, compositore e poeta Enrique Cadícamo, del poeta Evaristo Carriego (1883-1912), del cantante Alberto Castillo, del musicista e poeta Cátulo Castillo (1906–1975), del musicista Juan D'Arienzo, del cantante Roberto Goyeneche (1926-1994), della cantante Azucena Maizani (1902-1970), del musicista Aníbal Troilo (1914-1975) e di altri. Ma è famoso più che altro perché ospita l'ultimo riposo del più grande cantante di Tango, Carlos Gardel.

Cementerio de la Recoleta#

Più antico e bello è invece il Cementerio de la Recoleta[27] e di nuovo lo si deve a questa maledetta febbre gialla! Rifugiatisi da San Telmo e Montserrat in questo barrio settentrionale e con un clima più sano, gli abitanti dell'aristocrazia cittadina fecero diventare il barrio Recoleta un quartiere ricco ed importante come possiamo facilmente

---

[26] Cimitero della Chacarita
[27] Cimitero della Recoleta

verificare visitando il suo cimitero. Qui sono tumulati i vari presidenti dell'Argentina e, non dimentichiamocene, anche la famosa Evita Perón (1919-1952).

Dopo le 'lacrimucce' a Recoleta, possiamo finalmente visitare la famosa sala da ballo El Palais de Glace (oggi Palacio Nacional de las Artes, vi ricordate?), dove nel 1915 il padre di Che Guevara, Ernesto Guevara Lynch, aveva ferito durante una rissa nientemeno che Carlos Gardel!!

Se cerchiamo invece un po' di relax, avventuriamoci nel vicino barrio Palermo e visitiamo lo zoo passando sotto la copia dell'arco romano di Tito. Questo zoo è eccezionale! Quasi tutti gli animali vivono in padiglioni ispirati ad edifici del loro paese d'origine: così gli elefanti vivono in un tempio della dea Nimaschi di Bombay e le scimmie si possono rifugiare in un tempio egiziano... Tutto assume un'atmosfera davvero surreale, se capitate durante le feste di Natale, quando a 40° C girano anche qui i tre Re Magi nei soliti vestiti invernali!

Appena usciti, passiamo nel Jardín Botánico[28] e nel Parque Tres de Febrero, il grande parco a Palermo, zona che una volta ospitava i più famosi ed eleganti locali di Tango come 'Lo de Hansen', 'El Velódromo', 'El Pabellón de los Lagos' ed altri.

Poi scendiamo verso il barrio Retiro dando un'occhiata al Giardino Giapponese. Spostandoci poi sull'Avenida Costanera Norte arriviamo al Club de Pescadores[29]. Vale la pena scattare qualche foto, è molto, molto suggestivo!

Dopo tutto ciò torniamo a casa, buttiamoci sul letto per far riposare i nostri piedi e, prima di chiudere gli occhi, ripassiamo i miei consigli d'anatomia per quanto riguarda braccia e spalle. Le braccia e le mani sono particolarmente importanti perché con esse tocchiamo il partner e lo abbracciamo.

Quindi prestiamo loro molta attenzione, saranno la nostra carta da visita, il primo vero contatto fisico che avremo con l'altra persona!

---

[28] Giardino Botanico
[29] Club dei Pescatori

Evitiamo perciò di premere con l'avambraccio la schiena della nostra dama e di 'stritolare' la sua mano destra. Mi raccomando, nell'abbraccio maschile non vanno bene neanche le braccia e le mani molli, perché così non date nessun sostegno alla vostra ballerina.

Il braccio destro deve invece circondare il torace della ballerina ed il braccio sinistro serve a dare sia un appoggio aggiuntivo che l'indicazione della direzione, visto che a pari altezza la ballerina non può vedere le mani congiunte.

Essa potrebbe anche girare la guancia sinistra verso il ballerino, ma così interagirebbe negativamente sul proprio asse e ridurrebbe le sue possibilità di torsione nel ballo. Infatti, le mani congiunte fungono, per la donna, come un terzo occhio, punto di riferimento invisibile a lei, mentre per l'uomo come misuratore della fiducia incondizionata femminile!

Le ballerine devono assolutamente evitare d'avere un braccio pesantemente appoggiato sulla linea superiore tra spalla e collo del ballerino, altrimenti potrebbero bloccarlo!

Attenzione, inoltre, a non ruotare il braccio delle mani congiunte, nell'articolazione della spalla, per non alterare l'assetto! È davvero difficilissimo, vero?

Per assicurarvi di questo, tenete il gomito rivolto verso il basso ed avvicinate le punte inferiori delle scapole alla colonna vertebrale, altrimenti sia la guida che il seguire sarà praticamente impossibile. Infine, mi raccomando, una volta abbracciati, non aggiustate né le mani, né le braccia, né le spalle. Tutto deve essere perfetto da subito! Meglio abbracciarsi di nuovo, che aggiustarsi ballando!

E quando ballate, non levate la mano dalla schiena della ballerina o il braccio dal collo del ballerino. Questo aumenterebbe l'insicurezza nel partner e di conseguenza anche in voi ed interagirebbe negativamente con l'asse vostro e del partner e poi... chi si vuole sentire abbandonato dall'abbraccio tanguero?

Studiamo un po' di anatomia iniziando con l'avambraccio: posteriormente troviamo gli estensori della mano, delle dita e dell'avambraccio, che sono i muscoli estensore comune delle dita, estensore del mignolo, estensore del carpo e aconeo.

Tutti questi muscoli ci assicurano un dolce appoggio dell'avambraccio sulla schiena della ballerina e sulle spalle del ballerino.

Per avere un braccio tonico, ma non teso, esercitiamo l'estensione dell'avambraccio. In piedi fissiamo con una mano l'elastico sulla spalla dello stesso lato, mentre con l'altra mano prendiamo l'estremità del nostro elastico, premendo il gomito da questo lato lungo il corpo.

Il pollice è rivolto verso la spalla. Ora stendiamo l'avambraccio con il palmo della mano accanto alla coscia espirando e inspirando pieghiamo di nuovo l'avambraccio sul braccio.

Lateralmente troviamo invece i muscoli deputati all'estensione radiale della mano e dell'avambraccio, che fungono anche da supinatori e qui siamo arrivati al problema di come prendere la mano della ballerina. Tonificate quindi i vostri supinatori dell'avambraccio per poter offrire la mano con il palmo in su o in avanti.

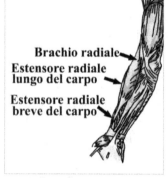

Brachio radiale
Estensore radiale lungo del carpo
Estensore radiale breve del carpo

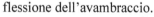

Essi sono i muscoli estensore radiale breve e lungo del carpo, che abduce anche la mano e il muscolo bracciaradiale, che inoltre flette l'avambraccio, ed essendo anch'essi estensori, si associano ai muscoli posteriori.

Sempre alla ricerca del braccio rilassato, ma presente, eseguiamo l'esercizio mostrato accanto per la supinazione con estensione e flessione dell'avambraccio.

Facciamo lo stesso esercizio di prima, questa volta con il palmo della mano rivolto in avanti.

Estendiamo l'avambraccio, senza staccare il gomito dal corpo e tocchiamo così con il mignolo la coscia, espirando. Ritorniamo, inspirando, con il palmo verso la spalla, flettendo l'avambraccio.

Anteriormente abbiamo i muscoli per la flessione della mano, delle dita e dell'avambraccio, che fungono inoltre anche da supinatori, sempre importanti per prendere senza stressare la mano del partner.

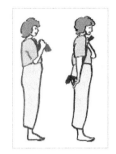
Comprendono i muscoli pronatore rotondo, flessore radiale del carpo, mentre il flessore ulnare del carpo si occupa anche dell'adduzione della mano, i muscoli flessore superficiale e quello profondo delle dita, il flessore lungo del pollice e infine in profondità il pronatore quadrato. Lavorando di nuovo solo sulla flessione e pronazione dell'avambraccio, proseguiamo con gli esercizi.

La pronazione dell'avambraccio serve a tenere nella giusta posizione il braccio e perciò tutti i muscoli dell'arto superiore devono essere tonificati in uguale misura.

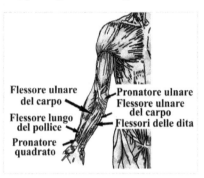

Flessore ulnare del carpo
Flessore lungo del pollice
Pronatore quadrato
Pronatore ulnare
Flessore ulnare del carpo
Flessori delle dita

Così fissiamo come prima con una mano l'elastico sulla spalla dallo stesso lato, mentre con l'altra mano prendiamo l'estremità del nostro elastico.

Estendiamo, espirando, l'avambraccio senza staccare il gomito dal corpo e così il pollice si trova questa volta accanto alla coscia, con il palmo della mano che guarda all'indietro. Flettiamo nuovamente l'avambraccio sul braccio, inspirando.

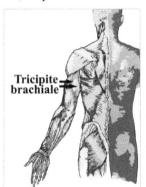
Tricipite brachiale

Ora andiamo un po' in su ed osserviamo il braccio: posteriormente abbiamo l'estensore dell'avambraccio e del braccio, che è anche suo adduttore: il muscolo tricipite brachiale. Questo muscolo è davvero difficile da tonificare, ma è essenziale per un assetto corretto del braccio esteso, ma anche per quello dell'abbraccio!

Nel seguente esercizio alleneremo l'estensione del braccio sulla spalla, mentre, mi raccomando, l'altro braccio rimane ben fermo.

In piedi fissiamo allora un'estremità dell'elastico sotto un piede e prendiamo l'altra estremità con la mano del lato opposto. Estendiamo ora il braccio sopra la testa espirando e ispiriamo abbassando di nuovo il braccio.

I seguenti esercizi servono alla difficilissima tonificazione del tricipite brachiale, ma ne vale la pena!

In piedi, con l'elastico dietro la schiena, fissiamolo sotto entrambi i piedi. Pieghiamo gli avambracci all'indietro, con le braccia sollevate, prendendo l'altra estremità del nostro elastico. Stendiamo ora le braccia in alto, sopra la nostra testa espirando ed ispirando ripieghiamo gli avambracci dietro la testa.

Questa volta prendiamo l'elastico già con una certa tensione. Allontaniamo ora il braccio posteriormente, espirando e riavviciniamolo di nuovo al corpo, ispirando.

Anteriormente nel braccio troviamo muscoli per la flessione dell'avambraccio sul braccio e per la flessione del braccio sulla spalla, si dividono in abduttori e adduttori.

Essi sono il muscolo bicipite brachiale, che inoltre supina l'avambraccio e adduce, cioè avvicina, il braccio al corpo; il muscolo coracobrachiale, che intraruota l'avambraccio e abduce, cioè allontana, il braccio dal corpo.

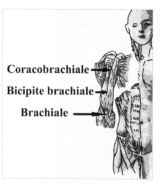

Coracobrachiale
Bicipite brachiale
Brachiale

Infine, abbiamo il muscolo brachiale, che si occupa solamente della flessione dell'avambraccio e per la supinazione dell'avambraccio riguardiamo gli esercizi precedenti. Tutti questi muscoli e le loro funzioni ci aiutano ad abbracciare meglio.

Come si può intuire con questo esercizio il braccio con cui abbracciamo diventerà davvero tonico e forte, ma non rigido. In piedi, con l'elastico assicurato sotto un piede, prendiamolo quindi con la mano del lato corrispondente. Incrociamo ora questo braccio davanti al corpo espirando e inspirando riportiamo il braccio nella posizione iniziale.

Ma possiamo anche allontanare il braccio disteso lateralmente dal corpo, sempre espirando.

Le spalle possono essere davvero un grosso problema nel ballo! Hanno un'articolazione a sfera che permette un raggio di movimento molto ampio, quindi prestiamo loro particolare attenzione!

Per non alzarle, possiamo spingere in alto la testa o tenere basse le spalle (l'ho già detto, vero?). Per non modificarne la posizione, alzarle o ruotarle, teniamo il gomito puntato verso il basso, cosa facilitata dal muscolo gran dorsale, che corregge anche le pecche di postura!

Teniamo le punte inferiori delle scapole verso il basso senza forzature però, mi raccomando, per non spingere in avanti la zona dello stomaco. Con le spalle ben assicurate al posto giusto, il vostro aspetto sarà davvero elegante!

I gomiti non sporgeranno verso l'esterno, magari orizzontalmente verso altre coppie di ballerini, un atteggiamento ritenuto abbastanza aggressivo e particolarmente pericoloso nei giri. Diventeranno un'arma contundente! E poi, perché non dircelo, assumendo una postura corretta il vostro cuore rimane rivolto verso quello del partner e questo, mi pare, è quello che cerchiamo tutti nel Tango, o no?

Quindi risalendo il braccio siamo arrivati finalmente alla spalla, coperta dal muscolo deltoide: anteriormente allontana ed intraruota l'omero, mentre posteriormente lo avvicina.

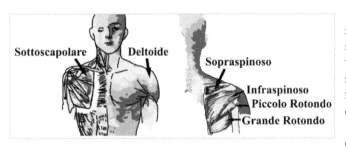

Sulla schiena e sulla scapola troviamo il muscolo sopraspinoso che abduce l'omero, l'infraspinoso ed il piccolo rotondo. Attenzione! Tutti questi muscoli extraruotano l'omero e quindi muoviamoli il meno possibile per non permettere che le spalle cadano in avanti e la postura risulti incurvata.

Seguono i due muscoli per l'adduzione e intrarotazione dell'omero: il grande rotondo e il muscolo sottoscapolare, che ci fa stare dritti!

Allora, per avere un controllo di quanto premiamo sul partner abbracciandolo sia intorno al torace che intorno al collo, mettiamoci in piedi accanto a una spalliera, dove è fissato l'elastico e prendiamolo con una mano. Portiamolo ora davanti al corpo espirando e inspirando ritorniamo nella posizione iniziale.

XXII Consiglio
Ancora più turismo, l'abbraccio e il ballare insieme

So che sono una guida negligente! Vi lascio quindi ad esplorare da soli Puerto Madero, dove i vecchi magazzini ospitano ormai ristoranti di lusso, dove ormeggia l'antica Fregata Presidente Sarmiento e dove potete, attraversando il Puente de la Mujer, inaugurato nel 2001, arrivare nella nuovissima Manhattan porteña per poi passeggiare nella retrostante Riserva Ecológica[30].

Risalendo verso il centro, arriviamo a La Casa Rosada (effettivamente di colore rosa!), sede centrale del potere esecutivo dell'Argentina.

Il suo balcone, se avete visto il musical 'Evita' con Madonna l'avrete già ammirato: era da lì che cantava ed era anche lì che la vera Evita faceva i suoi discorsi ai sostenitori, si affaccia sulla storica Plaza de Mayo, costruita nel 1580.

Passando di lì il giovedì pomeriggio incontrerete le Madres de Plaza de Mayo, il loro simbolo è il fazzoletto bianco, che per circa mezz'ora girano attorno alla piramide centrale della piazza. Sono le madri, ma anche le nonne dei desaparecidos, ovvero degli scomparsi nel periodo della dittatura militare argentina, tra il 1976 e il 1983.

Durante i mondiali di calcio

---

[30] Riserva ecologica

nel 1978 poco distante dall'Estadio Monumental Antonio Vespucio Liberti ovvero il River Plate Stadium, sull'Avenida Figueroa Alcorta 7597, nella Escuela de Mecánica de la Armada[31], conosciuta come ESMA (Avenida del Libertador, 8200), centro di detenzione clandestina dello stato, vennero torturati i desaparecidos, facendo coprire le loro urla da quelli dei tifosi.

Il 24 giugno 1978 l'Argentina vinse il campionato e per la prima volta non rispettò l'anniversario dell'incidente aereo mortale di Carlos Gardel. Perse invece un'intera generazione di giovani! Infatti, passeggiando a Buenos Aires non si può fare a meno di notare che praticamente mancano, o sono pochissimi, quelli della generazione inizio anni Cinquanta, cioè coloro che dovrebbero avere intorno a 60 anni.

Sempre spostandoci verso il centro vi vorrei invitare a fermarci al numero 825 dell'Avenida de Mayo e prendere qualcosa al Café Tortoni, aperto da un immigrante francese dal soprannome Touan, nel 1858. Ne vale la pena!

L'atmosfera è davvero magica!

Mentre entriamo, penso: 'Nell'abbraccio sta una buona parte della magia del Tango Argentino, almeno del suo stile Milonguero Apilado e non per niente Jan van den Berg ha girato nel 1990 un film (un assoluto 'must' per tangofili!!) intitolato 'El Abrazo'[32]. In questo abbraccio tutto inizia e tutto finisce...'

Dopo aver sudato tanto con tutti questi esercizi, abbracciate finalmente il vostro partner nel modo più dolce e avvolgente!

L'abbraccio è infatti 'l'incorniciamento' del partner, perciò la ballerina è rinchiusa, come una pittura in una cornice, tra la mano, allunghiamo mentalmente la linea data dalla mano verso il lato sinistro esterno al loro torace, l'avambraccio, il braccio ed il petto del ballerino.

Nel caso che la teniamo leggermente a V, aperto orizzontalmente nello stile del barrio Avellaneda, manteniamo comunque la sensazione 'd'inserire' la mano

---

[31] Scuola militare di meccanica
[32] L'abbraccio

destra sotto l'ascella sinistra.

In questa maniera, avremo abbracciato la dama più o meno di 340°, il che ovviamente facilita e garantisce il suo comodo seguire.

L'abbraccio femminile segue il medesimo concetto. La ballerina appoggerà il braccio sulla parte tra spalla e collo del suo partner, passando dietro al collo l'avambraccio.

Vorrei adesso interrompere l'analisi dell'abbraccio femminile libero da indolenzimenti, e parlarvi dell'ultima moda dell'abbraccio, quello in cui la dama appoggia il suo avambraccio diagonalmente sulla schiena del suo partner. Sicuramente in questa maniera lui non vi scapperà più!

Infatti, questo tipo d'abbraccio l'abbiamo visto inizialmente nelle coppie che fanno delle esibizioni e quindi cercano un contatto super-sicuro durante la loro performance. Personalmente lo trovo non indicato per ballare in milonga, fatto confermato anche dalla sua assenza nelle milongas tipiche milongueras a Buenos Aires, perché da una parte altera l'asse della dama inclinandola e dall'altra preme eccessivamente sul dorso del ballerino, inducendolo ad assumere una iperlordosi, diciamo 'di fuga', cioè per allentare la pressione sulla sua schiena. Inoltre, dà l'impressione che senza questo aiuto femminile l'uomo non riesca ad abbracciarla e a ballare perbene. E questo non credo che piaccia ai nostri ballerini, o mi sbaglio?

Ritorniamo all'abbraccio femminile dove la ballerina passando, senza premere, il suo avambraccio sinistro dietro al collo del suo partner, piega ora il polso lasciando dolcemente cadere la mano verso il cuore del suo ballerino. Mi pare anche un gesto molto romantico!

Anche in questo caso sembra un prolungamento della mano verso il proprio corpo, quindi verso la spalla destra e così anche voi avete abbracciato il vostro partner più o meno a 340°.

Per evitare, nell'abbraccio, di tirare il partner (e questo vale sia per i ballerini che le ballerine) verso di noi cerchiamo la sensazione di premere, con in mezzo il partner, verso il proprio avambraccio. Questo evita di interferire negativamente sull'asse del partner e riduce perciò la sua reazione di difesa, che lo induce a tirarsi all'indietro per mantenersi in equilibrio.

Al ballerino vorrei consigliare di non appoggiare la mano sulla schiena della sua dama, ma il suo avambraccio, per sperimentare questa sensazione vi consiglio di appoggiarlo, come potete vedere nella foto, contro un muro, mentre alla ballerina consiglio di non premere sul collo maschile.

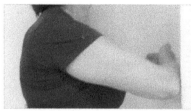

Per evitare questo la ballerina potrebbe premere invece con i polpastrelli verso il cuore del suo ballerino. In tal modo elimina la fastidiosa pressione sia del braccio sulla spalla, specialmente se tende a scivolare a sinistra verso l'esterno, sia dell'avambraccio sul collo del ballerino.

Permettetemi ora qualche riflessione sulle mani congiunte dei ballerini per completare il discorso sull'abbraccio: tutt'e due i ballerini devono evitare di piegare i polsi, né in su, né in giù e devono tenere le spalle abbassate per garantirsi un ballo davvero 'insieme'!

Se ci abbracciamo correttamente, il nostro corpo, dall'abbraccio in giù, è libero per qualsiasi passo e figura!

Senza un abbraccio corretto, non è possibile un rilassamento generale, non esiste la possibilità di lasciare andare la parte corporea sottostante, che rimane invece rigida, ferma e perciò pesante, così se cerchiamo di ballare in modo leggero, incontreremo un grande dispendio d'energia e di forzature alle gambe, in particolare alle congiunture di ginocchia, caviglie ed anche. Tutto evitabile grazie ad un abbraccio perfetto!

Siamo finalmente appoggiati e abbracciati, pronti per ballare insieme! Ora l'uomo dovrebbe guidare e la donna seguire, cosa abbastanza difficile, almeno all'inizio! Quindi vediamo un attimo come possiamo fare: per il passo in avanti il ballerino deve, un millesimo di tempo prima, spostare il petto per indicare alla ballerina di fare posto e solo quando lei si è spostata, fare il passo vero e proprio verso di lei. Altrimenti la pesterà!

Nel passo all'indietro il ballerino deve invece spostare petto e gamba contemporaneamente per indurre la sua ballerina a fare il passo in avanti. Altrimenti sarà lei a pestarlo! Nei passi laterali sarà importantissimo che non alteri l'assetto del suo abbraccio per potere iniziare e finire il passo insieme con lei. Il ballerino deve in ogni caso cercare d'aumentare la sua sicurezza nei passi (per questo sarà meglio iniziare con quelli più semplici) per non creare una sensazione di dubbio e ansia nella ballerina, che di conseguenza si bloccherà e non riuscirà più a seguirlo.

La ballerina invece deve controllarsi nel non eseguire automaticamente i passi, che lei pensa che il ballerino voglia eseguire, ma sviluppare al massimo la sua 'capacità d'ascolto' dei movimenti del partner.

A questo proposito sarà meglio per tutt'e due di non cercare di 'capire' ciò che il ballerino vuole!

Un consiglio è di non correggersi se si pensa di aver sbagliato, forse lui l'ha fatto appositamente per introdurre un'altra figura. Sarà compito del ballerino di porre rimedio ad un passo seguito 'male' trasformandolo in un altro, nuovo. Altrimenti, ragazze, mi eliminate il piacere tutto maschile della guida!

Dopo qualche tempo di lezioni e 'pratica' il ballerino si potrà concentrare sempre meglio sulla musica, innanzitutto sul ritmo, che si sposa benissimo con il compito di guida e con l'induzione di passi e figure, che la ballerina potrà ora eseguire in modo più rilassato. Questo porta ad ampi giri del bacino e a torsioni del busto, permette passettini velocissimi, ad esempio nel ballo della Milonga, e così via.

In un certo senso l'uomo si occupa del ritmo, mentre la donna 'canta', cioè esegue, sulla interpretazione ritmica del ballerino, delle decorazioni danzanti.

XXIII Consiglio
Ormoni della felicità, torsione e sensazioni nell'abbraccio

Mentre aspettiamo il conto nel Café Tortoni, approfittiamone per parlare ancora di qualche pecca femminile. Abbracciando il nostro partner, spesso, procedendo nel ballo, si scivola giù dalla sua spalla verso sinistra, torcendo il nostro asse e pesando notevolmente sul braccio del partner, che sicuramente non voleva aggiungere al ballo anche un allenamento con i pesi.

Si tratta di uno sbaglio frequente anche se ci mettiamo tutta la nostra buona volontà. Quindi come possiamo fare? Il mio rimedio a questo problema è il seguente e spero che vi possa essere d'aiuto. Osserviamo che quando stiamo semplicemente in piedi, senza abbracciare nessuno, la linea tra le due spalle sia orizzontale.

Quando abbracciamo un ballerino, sollevando il braccio sinistro, la definizione di questa linea cambia. A questo punto la spalla sinistra fa indubbiamente parte del braccio 'abbracciante' e quindi la linea orizzontale, in angolo retto con il nostro asse, è definita ora da spalla destra e ascella sinistra. Seguendo questa nuova linea siamo capaci, ragazze, d'evitare questo noioso e antiestetico scivolare via a sinistra. Provatelo, funziona sul serio!

Usciamo infine dal Café Tortoni. Ah sì! Sul suo retro troviamo oggi la famosa Radio Belgrano, che prende il nome dalla sua locazione originale: tra l'Avenida Belgrano e l'Avenida Entre Ríos.

Lasciamo le vecchie storie alle nostre spalle e proseguiamo verso il centro arrivando sull'Avenida 9 de Julio, grande arteria di traffico, incredibile quante corsie ha e quante macchine passano a qualsiasi ora, e giriamo a destra. Prima o poi troveremo il famoso obelisco, che ci aspetta dal 1936!

Semplicemente camminando in quella direzione, provate a farlo con la torsione del busto, giocando anche con diversi ritmi, più veloce, più lento e con delle pause.

Se guardate ogni tanto anche in qualche vetrina mentre camminate in avanti, potrete sperimentare ancora più facilmente la torsione. Forse sarebbe arrivato sul serio il momento di spiegare che cosa intendo con 'torsione'?

Obelisco*

Prima di tutto, vorrei invitarvi a chiamarla 'torsione' e non, come ho sentito dire 'dissociazione', definizione originaria dalla danza moderna e contemporanea. Nel Tango dobbiamo evitare di dissociare le parti del corpo, che devono invece semplicemente girare intorno al nostro ormai famoso asse. Se poi, sempre intorno all'asse, una parte del corpo si gira verso un lato, mentre l'altra rimane nella direzione originaria, comunque sicuramente le parti rimangono collegate!

Infatti, la torsione serve a caricarsi d'energia meccanica, che vorrei chiamare piuttosto, visto che balliamo, energia motoria. Rilasciando la torsione possiamo, senza ulteriore sforzo fisico, indirizzarla nei successivi passi e movimenti. Insomma, funziona un po' come la molla che troviamo in certi giocattoli, una volta di latta, che viene caricata girando una chiave che poi, scaricandosi, dà il movimento al giocattolo stesso.

Nel Tango possiamo trovare due tipi di torsione: quella del busto e quella del bacino. La torsione del busto è necessaria quando balliamo, ad esempio, nel sistema ternario o quaternario, che troviamo nei giri, negli ochos, nella 'moulinette'[33] e così via. Ovviamente nel sistema ternario deve essere meno forte, mentre nel quaternario deve essere molto evidenziata.

La dobbiamo proprio fare quando, ad esempio, camminiamo in avanti, accanto al partner, per cui, per non perdere il contatto, torcere o spezzare l'asse, siamo costretti a girare il busto verso il partner. Et voilà, questa è la torsione eseguita con il busto! Vi confesso che possiamo anche fare una leggerissima torsione nel sistema binario, quando, camminando, posizioniamo il piede direttamente accanto a quello del partner. Per non trovarsi in difficoltà

---

[33] Un tipo di giro in cui tutt'e due i ballerini eseguono gli stessi passi girando intorno ad un asse centrale.

d'equilibrio, giriamo appena appena il busto, un po' come quando camminiamo rilassati per strada facendo ciondolare le braccia.

Vorrei quindi suggerirvi un esercizio per aumentare la vostra capacità di torsione del busto: si tratta della camminata incrociata! Per eseguirla mettiamo di nuovo un foglio di carta tra le cosce e mentre camminiamo facciamo attenzione a non perderlo. Già questo di per sé può essere difficile, ma spesso si aggiungono anche delle difficoltà d'equilibrio.

Quindi, mentre camminiamo avanti, per esempio, con la gamba sinistra, giriamo leggermente il busto e la spalla destra a sinistra e così via. Questo inoltre defatica la schiena e fa sì che, quasi per miracolo, acquistiamo un buon ritmo nel ballo.

Facciamo quindi questa torsione per non perdere il contatto con il partner! Forse la difficoltà d'eseguire la torsione correttamente, senza abbandonare il proprio asse e quello condiviso dalla coppia, proviene dal fatto che non siamo più abituati a sacrificare tutto ed in particolare la nostra voglia di protagonismo per il bene della coppia? Chissà?

La torsione aiuta anche a verificare con quale parte del corpo spostiamo il partner! Nel caso ideale, quindi di pari altezza, siamo congiunti al petto in posizione diritta e col proprio asse inclinato verso il partner.

Per piacere non sporgete in avanti la pancia incurvando la schiena, questo atteggiamento toglie il respiro, ovvero il movimento rilassato e libero del diaframma, alla vostra partner e a voi l'appoggio del petto, necessario per la guida sicura. Tutto questo renderà impossibile la torsione!

Anche nel caso del petto collassato, quindi ritratto, perdiamo il contatto con la dama. Se invece la camminata con la torsione non è più un problema, giochiamo un po' con il ritmo e con la lunghezza e la direzione dei passi.

Prima di andare avanti vorrei dirlo di nuovo: per nessun motivo sacrificate l'insieme della coppia!

Guardiamo ora l'altro tipo di torsione, cioè uella fatta con il bacino. Avviene quando pivotiamo, ovvero giriamo sull'avampiede, rimanendo fermi sul posto, situazione in dispensabile per girare.

In alto rimaniamo quindi sempre appoggiati al nostro partner, mentre il bacino gira verso un'altra direzione. Anche in questa situazione le parti del corpo si incrociano, infatti nel caso ideale il bacino potrebbe anche girare di 180° rispetto al busto!

Per farla breve: la torsione superiore, eseguita con il busto, si addice alla camminata, mentre la torsione inferiore, dove gira il bacino e l'arto inferiore, è necessaria per il pivot nel giro, nell'ocho atrás o adelante, nel ocho cortado e così via.

Poiché ballare il Tango significa innanzitutto giocare con il proprio asse e con quello condiviso, vorrei indagare più attentamente sull'anatomia collegata a tutto questo. Ogni spezzata, cioè un'inclinazione nel suo percorso, interrompe la sua natura d'asse portante e non solo.

Nel suo interno la colonna vertebrale rinchiude il midollo spinale, la via nervosa più importante tra la centrale nervosa, il cervello, e tutto il resto del corpo. Per proteggerlo ed ammortizzare eventuali colpi ed oscillazioni tra le vertebre ossee e le fibre nervose scorre il liquido encefalorachidiano. Esso ha un suo ritmo proprio, diverso dal ritmo cardiaco, prodotto da un quasi impercepibile movimento del cranio e dal movimento del sacro e perciò del bacino. Se il flusso e riflusso di questo liquido sono regolari, ci sentiamo bene (vi ricordate che abbiamo già accennato alle endorfine, gli ormoni del benessere, che si trovano proprio in questo liquido! Ecco perché l'euforia provocata dal ballo arriva dappertutto!) e le nostre difese immunitarie diventano più forti.

Le curve fisiologiche della colonna servono a regolarizzare il flusso del liquido encefalorachidiano sia verso il basso in caduta, sia verso l'alto con un'azione di pompaggio attraverso il movimento del bacino.

Se le curve della schiena sono troppo pronunciate, il liquido, in un certo senso, scorre meno bene con ovvi esiti negativi. Se inoltre assumiamo ballando delle posizioni errate, questi problemi si fanno maggiormente sentire con mal di schiena, mal di collo e con un notevole sforzo fisico nel ballare.

La moderna medicina sportiva (e perché non studiarne una anche per il Tango rioplatense?) ha individuato l'importanza delle strutture sottostanti alla colonna vertebrale, cioè le gambe. Se sono toniche e in posizione corretta, possiamo presumere che anche la schiena sarà in posizione fisiologicamente corretta. Se portiamo il nostro peso eccessivamente sul metatarso che si proteggerà poi con la formazione di un doloroso callo, dobbiamo bilanciarci piegando le ginocchia, portando di conseguenza il bacino all'indietro, formando un'iperlordosi lombare, ed infine la testa in avanti.

Se invece premiamo con la testa contro quella del nostro partner, il tratto lombare della schiena si addrizza, il bacino si trova di nuovo spostato all'indietro, ma le ginocchia sono ora iperflesse posteriormente e così via.

Così ogni sbaglio che modifica la posizione dell'asse totale dato da testa, schiena e gambe comprese, necessita di un'altra modifica, evidenziando e moltiplicando l'errore iniziale. In ogni caso non stiamo diritti!

Ma perché dobbiamo assumere questa posizione fisiologicamente diritta? Solo così il liquido encefalorachidiano scorre liberamente e solo in questa posizione possiamo fare una torsione. Questa posizione modifica la normale pressione del liquido encefalorachidiano in modo positivo, perché anche questo aspetto si basa sul caricare e rilasciare (questa volta del liquido encefalorachidiano). Tutto il materiale fisiologico contenuto scorre più facilmente, specialmente verso l'alto, verso il cervello, dove viene rinnovato ciò che percepiamo come uno stato di benessere e d'euforia, che alcuni chiamano 'tangasmo'!

Spesso però la torsione non ci riesce, perché la posizione, soprattutto della testa, risulta errata. La testa serve ovviamente... per guardare e districarsi, ballando, nella giungla della milonga, per sfoggiare una nuova pettinatura, un nuovo trucco, un nuovo modo di rasatura o baffi, barba e come punta del nostro asse.

Possiamo anche paragonarci, questa volta in verticale, ad una nave (e chi è esperto in navigazione è ovviamente avvantaggiato!) dove la vostra testa è la polena, mentre i piedi rappresentano la poppa e il resto del corpo ovviamente la nave vera, il suo corpo. La testa va quindi tenuta diritta e non si deve inclinare verso il basso né per controllare i passi, né per piegarsi su un partner più piccolo. Se dobbiamo controllare la posizione e i movimenti dei piedi, vi consiglio d'assumere la posizione di studio, nella quale il ballerino prende la sua dama all'esterno delle spalle, mentre lei appoggia le mani sul davanti delle spalle del ballerino.

In questa maniera tutt'e due non si abitueranno ad assumere una posizione sbagliata, incurvata e storta, anche se appoggiati alla maniera Apilado. Ricordiamoci di nuovo che tutto ciò interferisce inoltre col nostro asse!

Per la stessa ragione vi consiglio di astenervi dal masticare gomme, per non cambiare neanche minimamente l'assetto del collo e della testa a causa dei movimenti della masticazione. Poi, se vi succedesse d'ingoiarla malamente, anche con la manovra di Heimlich (vi ricordate la scena del film 'Mrs. Doubtfire'?) sarà difficile farvela ributtare fuori. Sarà più sicuro optare per delle caramelle, che si sciolgono lentamente in bocca!

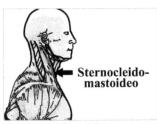

Sternocleido-mastoideo

Osserviamo adesso il muscolo del collo più importante per il Tango: il muscolo sternocleidomastoideo, che inclina, flette e ruota la testa sul lato opposto.

Come potete notare è troppo debole per resistere alle pressioni laterali prodotte dalla pressione della testa del partner nell'appoggio errato e non potrà proteggere l'allineamento corretto delle vertebre cervicali! E questo vuol dire dolori!

Quindi oltre alle conseguenze sull'intero assetto se teniamo la testa in avanti, valutiamo anche quelle di quando tiriamo il mento verso la gola. In tal caso si appiattisce la naturale lordosi cervicale e di conseguenza anche tutte le curve anatomiche sottostanti. Il corpo si irrigidisce e possono sorgere anche dolori dorsali. Tutto diventa contratto e l'abbraccio non sarà né morbido né comodo, anzi troppo stretto e sforzato o molle ed inesistente.

Per un allineamento ottimale della testa allunghiamola in alto senza alzare eccessivamente il mento.

Potreste, per aiutarvi meglio, provare il seguente esercizio, in cui allungate tutto il corpo alzando anche le braccia.

Nel Tango le ballerine potrebbero iniziare ad allungarsi dal punto della schiena, dove il ballerino le abbraccia e i ballerini dalla linea superiore della spalla-testa, dove poggia il braccio sinistro della ballerina.

O forse vi viene più facile lasciare cadere le spalle? Per sperimentare questa sensazione spingete con le mani verso il basso. Mentre ballate invece, immaginatevi di lasciar andare il vostro peso fino al pavimento, senza fermarvi nella zona lombare, che si irrigidirebbe e di conseguenza spingerebbe l'anca fuori dall'asse, all'indietro.

Abbiamo visto che la torsione permette un notevole recupero della mobilità dell'intero rachide e che, agendo ovviamente anche sull'addome, favorisce la digestione: un tocco veramente salutare! Mica male per una semplice torsione, vi pare?

Ora basta! Mi rifugerò in un salón a ballare, mi farò semplicemente abbracciare ed ascolterò il mio partner e le mie sensazioni!

Ma come vogliamo essere abbracciati ed abbracciare? Possiamo abbracciarci come tra madre e figlio, come tra amici dello stesso sesso o di sesso diverso, come tra amanti...

Ci abbracciamo per consolarci, per eccitarci, per calmarci, per esprimere amore o voglia di sesso? Possiamo, ballando con un principiante, abbracciarlo in modo consolatorio ed affettuoso come tra madre e figlio e ballando con un amico l'abbraccio forse sarà pieno d'affetto. Certo che quando abbracciamo qualcuno che ci attira, abbiamo tutta un'altra sensazione!

Anche secondo l'esperienza, l'abbraccio può ovviamente cambiare. Una delle trasgressioni più abituali nelle milongas tipiche è di far vedere agli spettatori un tipo d'abbraccio, mentre lo si fa sentire al partner in tutt'altro modo!

Determinante per un abbraccio sarà poi anche il vostro umore, il tipo di partner e la musica. Per questa ragione i milongueros lasciano passare qualche secondo prima d'iniziare a ballare! Non solo vogliono sentire quale tipo di musica verrà suonata e non solo vogliono conversare con il partner del più o del meno, ma anche indovinare l'abbraccio ideale.

XXIV Consiglio
Ballare con un partner, la ronda e l'equilibrio psico-fisico-emotivo

Ballando insieme, superata la fase dell'apprendimento, desideriamo andare oltre la semplice ricerca dei passi ed instaurare un altro rapporto con il partner. Lasciamo da parte la tecnica e abbandoniamoci semplicemente ad un abbraccio. Alcuni chiamano questa sensazione 'sentimento' o 'amore', altri 'legame spirituale', ma io preferisco chiamarla 'energia'.

Questo legame tanto desiderato si compone di importanti elementi: proviene dai battiti del cuore delle due persone! Il campo elettrico della contrazione del cuore di uno dei due, quindi, interagisce con quello dell'altro. Nel caso ideale, quando non ci sono affanni per passi e movimenti, queste due 'energie' si uniscono.

In milonga è molto probabile che, stimolati dalla musica, tutti i cuori battano allo stesso ritmo, producendo ed usando la stessa energia. Il benessere 'personale' viene quindi moltiplicato per il numero di ballerini, ma non solo.

Più energia viene 'creata' dai ballerini, più i cuori 'fuori battuta' vengono indotti ad uniformarsi con loro e con la loro energia. Questo potrebbe spiegare il motivo per cui in particolare i principianti dovrebbero ballare al centro della sala, dove possono essere attraversati da tutte le parti dall'energia dei ballerini già esperti.

Ragionando in questo modo si capisce perché bisognerebbe evitare passi o movimenti che interrompano il flusso danzante di tutti: interferiscono negativamente nel flusso energetico della sala, spezzandolo, costringendo gli altri ballerini a modificarsi singolarmente e fanno loro perdere l'insieme energetico.

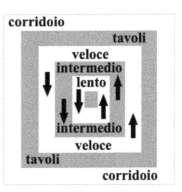

Anche superare la coppia che vi sta davanti crea disordine in questo flusso benefico. Come una goccia d'acqua caduta in un fiume rimane sempre allo stesso posto, anche la coppia, una volta inserita nel contesto di tutti gli altri ballerini, non dovrebbe più mutare la sua collocazione.

In un certo senso accettiamo di non essere importanti singolarmente, ma di fare parte di un tutto!

A questo punto mi chiedo se forse il saltare delle 'corsie' in sala... Aiuto, non avevamo ancora parlato delle corsie?

Dunque, in sala da ballo ci si deve immaginare delle corsie, le cui dimensioni sono definite dall'abbraccio, cioè dal lato destro maschile e dalle braccia estese dei due ballerini, un'estensione più o meno di un metro. Dalla capienza della sala dipende ovviamente il numero delle corsie che vi possiamo trovare.

Girando intorno ad un centro, come l'occhio di un ciclone o lo zampillo dell'acqua di una fontana, è chiaro che più si va all'esterno, più aumenta la velocità del movimento.

E qui posso ritornare alla mia iniziale domanda appena accennata: sarà la forza centrifuga della sala che fa abbandonare alla coppia la propria corsia? O come ci si può spiegare questa invasione errata? Francamente è un mistero per me, ma non si deve fare assolutamente!

Se la coppia antistante rallenta, tutti gli altri, di conseguenza, dovrebbero rallentare. Ma questa è solo la conseguenza esteriore. Più interessante è sapere perché rallentano. Un eventuale rallentamento, o accelerazione, dovrebbe essere indotto soprattutto dalla musica e non dal 'bisogno' d'eseguire passi particolari.

Così anche le pause si dovrebbero ballare in modo attivo e non semplicemente fermandosi, bloccando il flusso dell'energia di tutti gli altri in sala. A questo punto diventa chiaro perché non bisogna iniziare con un passo all'indietro: ogni goccia d'acqua catturata dalla forza della corrente si muoverà inizialmente in avanti, poi ad esempio a causa della presenza di rocce lo farà anche in modo curvo o circolare, ma mai indietro.

Mi dovete concedere qualche secondo per parlarvi di una combinazione di otto passi chiamata 'salida basica' in cui il primo passo si fa proprio all'indietro. Veniva introdotto nella didattica per l'esportazione (ahimé!) negli anni Quaranta.

Sembra che si ispirasse ad un modo antico di ballare il passo all'indietro. In questo stile che ancora si può vedere nelle esibizioni di Canyengue, il ballerino rivolgeva la sua schiena diagonalmente verso il centro sala, proteggendo la sua 'preziosa' con la schiena e girando di conseguenza leggermente la sua testa verso sinistra. Così anche il passo all'indietro risultava in tal caso diagonale verso il centro sala e non intralciava le altre coppie.

Con la modifica della posizione della coppia rispetto al centro sala, che oggi è di solito ad angolo retto, il passo all'indietro, cioè direttamente contro la coppia posteriore, è dannosissimo, sbagliato, ma innanzitutto tecnicamente superato, varrebbe la pena di smettere di insegnarlo!

Quindi se volete eseguire un passo all'indietro, non fatelo comunque andando contro il flusso della 'ronda', il movimento nella sala in senso antiorario, ma direzionatelo verso l'esterno.

Potete ballarlo invece seguendo il flusso danzante, se vi siete girati di 180°! In ogni caso se ci vogliamo unificare al flusso della sala inseriamoci in modo non traumatico, né per chi si inserisce, né per chi balla di già, e sarà proprio la nostra 'vecchia caminata' a farci da guida sicura.

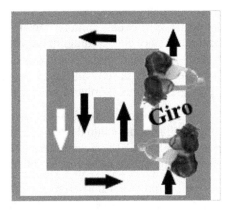

Un'altra situazione antipatica è quando ci si avvicina eccessivamente alla coppia antistante, sia per sbaglio, che per origliare o per controllare visivamente cosa succede tra loro, per provocare di proposito un incidente per poi scandalizzarsi palesemente, per mettersi in evidenza.

Ovviamente tutto può succedere, non siamo mica macchinette! Ma provocare incidenti è proprio da incoscienti, non vi sembra?

Quindi mettiamo pure in conto eventuali sbagli e collisioni (meglio sarebbe di no, ovviamente, ma…). Vorrei avvertirvi che in questo caso dovete assolutamente ricorrere alla buona educazione fermandovi, scusandovi, informandovi sullo stato di salute e d'animo della persona da voi urtata, a cui avete fatto male ed eventualmente soccorrerla con del ghiaccio. Qualche volta basta anche un semplice sorriso, un gesto o un'espressione di scusa stampato sulla faccia.

Mai e poi mai potete continuare a ballare facendo finta di niente! Se non vi curate degli infortunati per causa vostra, come potete ispirare fiducia al vostro partner attuale o futuro? Sicuramente sarebbe meglio allenarsi a migliorare il tema spazio-tempo per evitare tali incidenti.

Perché è sempre una buona abitudine relazionarsi in continuazione con il partner e con tutte le coppie in sala, è questo che ci fa fare i giusti passi e le figure adeguate.

Come non si invade, ballando, lo spazio del partner, così è assolutamente vietato invadere lo spazio degli altri e come non si sacrifica mai per nessun motivo la coppia, neanche per la propria 'sopravvivenza' nel ballo, ad esempio per mancato equilibrio, così non si deve mai sacrificare l'armonia in sala!

Confidando nella vostra buona volontà cambiamo finalmente tema: già da qualche tempo questo stato d'estremo benessere di cui abbiamo parlato, le nostre endorfine si precipitano, cantando di gioia, a ballare il Tango nel nostro corpo, viene chiamato 'tangasmo', ma francamente non so se questa espressione basti. In ogni caso, avvenuta questa particolare unione, il legame con il nostro partner cambia, non è più solo fisico, ma coinvolge un'insieme fatto dal nostro spirito, dall'anima e dalle nostre emozioni. Finalmente siete diventati un tutt'uno, che catturato nella rete della musica, semplicemente la interpreta ballando. Nel cercarsi continuamente in questo Tango il ballerino conducendo seduce la sua ballerina: conduci, seduci e segui, questo è permettetemi l'espressione, il 'mantra milonguero'!

L'equilibrio psico-fisico-emotivo sia della persona singola, che in particolare della coppia è uno dei temi di cui si parla poco! È chiaro che dobbiamo essere equilibrati! Tutto cambia però se dobbiamo curare, oltre al nostro equilibrio, anche quello della coppia danzante.

All'improvviso si inserisce tra i due protagonisti l'egoismo, il voler farsi vedere, il voler impressionare, il prendersi, spesso eccessivamente, cura dell'altro come chinandosi in particolare sulle persone piccole, il non voler ascoltare il partner, il non voler o poter comunicare con il partner, il voler guidare quando si dovrebbe seguire, il fare niente quando si dovrebbe guidare o seguire, il rifiuto in generale, il non voler cooperare, il non poter o voler trovare puro piacere nel ballo senza secondi fini, e così via.

Permettetemi una piccola parentesi: l'uomo conduce, quindi determina la direzione e le cose da fare, perché vede nella direzione del ballo e la donna segue, perché normalmente non guarda in questa direzione e non deve prestare attenzione agli altri, semplicemente non le compete. Cerchiamo, almeno nel Tango, di non riprodurre le solite problematiche di coppia, vi va?

Dobbiamo chiederci se vogliamo intraprendere questa 'analisi' di coppia. Se non siamo pronti o desiderosi, sarà difficile provare piacere ballando insieme. Potrebbe però anche succedere che, se insistiamo, via via, cambiamo e ci apriamo verso un dialogo nel ballo. Che mente e corpo siano collegati si sa e quindi, con un po' di fortuna, tutto potrebbe anche cambiare in meglio:

potremmo risultare più socievoli, più aperti, più fiduciosi e più recettivi al bisogno nostro, del nostro partner e di tutti gli altri ballerini in sala. E poi, come si comporterà il nostro asse ed il nostro equilibrio, quando siamo appoggiati e li condividiamo con il partner, anche mentre ci muoviamo?

Un piccolo consiglio ve lo vorrei dare a questo proposito: più dubbi e paure avete, più rivolgetevi al vostro partner, fate di tutto per comunicare nel bene e nel male e condividete non solo il vostro asse, ma anche le vostre ansie!

Sono domande e fasi, che durante il ballo si elaborano, anzi si devono elaborare per fare progressi e non solo. Inevitabilmente attraverso il Tango avvengono dei cambiamenti fisici e sociali, anche molto vistosi, e quindi non dobbiamo avere paura, mentre impariamo a ballare il Tango, di farci cambiare da esso.

XXV Consiglio
Battute in milonga e il ritmo dei battiti

Los Viejos Milongueros e las Milongueras sono davvero carini e pazienti, ma ogni tanto non ne possono più e allora, con un po' di fortuna, si può sentire qualche loro parola critica. Così quando vedono un ballerino che usa maggiormente le mani invece del petto per guidare la sua dama, lo compatiscono pensando 'meno male che Dio gli ha dato le mani'. E chi preferisce ballare tante figure e solo figure, invece di giocare con il ritmo, viene da loro chiamato 'verdulero'[34], riferendosi proprio alla verdura! Cioè coloro che guardano in terra, valutando la verdura. Ma con questa espressione intendono anche coloro che preferiscono 'la verdura' alla 'carne' ovvero il fumo all'arrosto, la superficie alla profondità dei passi o il sembrare all'essere. Detto proprio nel paese famosissimo per la sua favolosa e gustosissima carne bovina...!

E prima che facciamo la fame come 'ballerini vegetariani', facciamoci velocemente un'idea sulle possibilità del ritmo per ognuna delle 'categorie' proposte nelle milongas porteñas, ovvero per il Tango, il Vals e la Milonga.

Per intenderci meglio, riguardate i concetti musicali e ritmici, ristudiamoli brevemente: per poter dare un senso ritmico alle note e ovviamente anche alle pause del nostro brano, esse vengono ordinate in uno spazio, chiamato battuta.

Il valore complessivo della battuta nello stesso pezzo musicale è sempre uguale, qui escludo ovviamente ciò che avviene nella musica contemporanea. Nella musica tanguera troviamo tre valori delle battute, chiamati anche 'tempo', per i tre balli diversi: 2/4 (si contano allora 1-2|1-2|...) per la Milonga ed il Tango antico, 3/4 per il Vals (1-2-3|1-2-3|...) e 4/4 per il Tango (1-2-3-4|1-2-3-4|...). Di solito il primo battito è quello più accentuato e fino qui va tutto bene.

Se abbiamo il tempo 4/4 possiamo avere ad esempio quattro battiti in una battuta o un unico battito per la durata della battuta o due.

Volendo possiamo anche avere otto battiti, ovviamente più veloci, chiamato anche 'doppio tempo' o addirittura velocissimi sedici battiti nella solita battuta, quindi

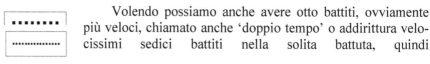

---

[34] ortolano

quadruplichiamo il tempo, chiamato 'quattro tempi'.

▬ ▫ ■   Rimanendo nel ritmo 4/4, possiamo trovare anche una nota che dura due battiti e due singole della 'normale' durata o possiamo anche far durare una pausa iniziale due battiti e farla seguire da due battiti singoli e così via. Troviamo tante combinazioni, ovviamente! E mi chiedo, quante saranno?

Ho iniziato quindi a guardare un po' meglio il ritmo della Milonga o de los Tangos antiguos a 2/4, che si compone di due battiti in una singola battuta. Il primo battito è accentuato e ve lo segnerò con un quadretto chiaro interno.

▫ ■   Qui abbiamo due battiti, di cui il primo è accentuato, e potete ballarlo con più forza.

▭▬   Qui troviamo un battito che dura per tutta la lunghezza dei due battiti, ovviamente accentuato, che potete ballare con più forza e facendo un passo più lungo.

▭   Incontriamo finalmente la pausa, che in questo caso dura, come l'esempio precedente, per tutta la lunghezza dei due battiti. Essendo una pausa non può esprimere un accento.

▫   Qui vediamo l'esempio della battuta iniziale, accentuata, a cui segue una pausa ed in fine abbiamo il caso   ■
della pausa iniziale con una battuta seguente, non accentuata.

Ritmo 2/4						
▫		▫ ■	■		▭▬	
▫	▫ ▫	▫ ▫ ■	▫ ■	▫	▫ ▭▬	
▫ ■	▫ ■ ▫	▫ ■ ▫ ■	▫ ■ ■	▫ ■	▫ ■ ▭▬	
■	■ ▫	■ ▫ ■	■ ■	■	■ ▭▬	
	▫	▫ ■	■		▭▬	
▭▬	▭▬ ▫	▭▬ ▫ ■	▭▬ ■	▭▬	▭▬ ▭▬	

Se volete sapere quante possibilità di gioco ritmico avete (lascio da parte i raddoppi, scusatemi!), basta fare un semplice calcolo: per tutti i balli da sala, quindi anche per il nostro Tango, si considera sempre due unità di battute, quindi dobbiamo fare i conti con due dei nostri quadretti. Il risultato è... 5x5=25 possibilità ritmiche ballabili senza i raddoppi!

Vi confesso subito che il Vals mi piace moltissimo, questo diabolico ritmo de La Volta, il Valzer e il nostro Vals Criollo. La sua struttura ritmica si basa sul 3/4 e quindi abbiamo tre battiti in una battuta con il primo accentuato e segnato con un quadretto interno, ideale per un passo lungo, magari girato.

Non vorrei ora annoiarvi con la presentazione di tutte le variazioni ritmiche (ormai sapete come leggere i quadretti, vero?) e quindi guardiamoci subito la scheda sottostante, dove troviamo, sempre senza raddoppi, 10 possibilità diverse e quindi (10x10) arriviamo a 100 combinazioni diverse. Qui allora non ci resta che rimboccare le maniche, abbracciarci e provare! Giusto?

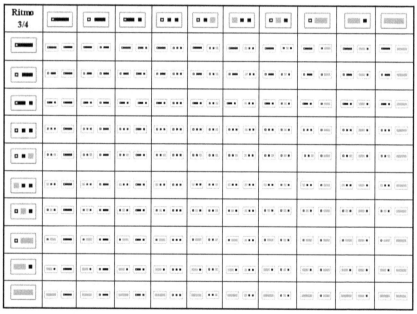

Finalmente siamo arrivati al ritmo del Tango a 4/4. Si compone dunque di quattro battiti per battuta, in cui il primo battito è molto accentuato e il terzo un po' meno, ve li segno comunque con il solito quadretto interno.

Di nuovo gli accenti li balliamo con più forza, mentre una lunga pausa si presta per un 'voleo'[35], per una 'candela'[36] e per un 'gancho'. E visto che le combinazioni sono diventate davvero tantissime e non entreranno tutti sul foglio, vi faccio solo l'elenco delle singole unità ritmiche e confido che vi farete una lista per conto vostro combinando due di esse. Se ho dimenticato qualche altra possibilità, spero che me lo perdoniate!?

Ho cercato di presentarveli in modo più o meno logico e se vogliamo sapere quante possibilità abbiamo per questo gioco ritmico nel Tango, sempre tralasciando i raddoppi, prendiamo semplicemente il nostro 'abaco' e calcoliamo: 32x32 = 1024!!

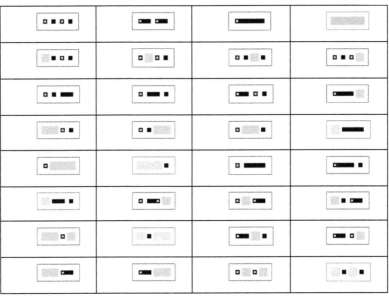

Rimanendo nell'ambito musicale vorrei alla fine di questo capitolo parlarvi dell'aspetto 'terapeutico' della musica tanguera e dei suoi tre balli. Sicuramente la Milonga ci rallegra, mentre i vari Tangos ci possono rattristare, far riflettere ed appassionare. I Vals invece spesso ci fanno sognare e amplificano il concetto di coppia grazie al fatto che dobbiamo gestire queste due forze opposte ma complementari, la centrifuga e la centripeta.

Il detto di Discépolo 'Tango è un triste pensiero che si balla', potrebbe dunque significare che solo chi ha sperimentato la perdita dell'essere insieme,

---

[35] dove un ocho atras viene interrotto bruscamente con un contro-movimento che fa alzare alla partner la gamba libera
[36] passo dove il ballerino gira intorno alla sua ballerina ferma sul posto

in coppia, potrebbe ballare arrivando fino in fondo all'essenza del Tango?

XXVI Consiglio
Tecniche respiratorie per ballare

Tutto ciò che interferisce negativamente sul nostro piacere nel ballo è dannoso e disturba! Come quando una coppia ne investe un'altra a Buenos Aires si rischia almeno qualche risposta risentita, quando uno dei partner si aggrappa all'altro invece d'appoggiarsi, spostando così l'asse comune, quando si balla automaticamente senza ascoltare il partner e quando il respiro risulta affannato e sibilante.

Ballare con il respiro sospeso può essere carino come concetto teorico (il tuo partner balla così bene che ti toglie il respiro!), ma sinceramente è negativo ed impossibile per la realtà danzante.

Mancando il respiro non possiamo 'sopravvivere' per un intero brano e lo stesso vale se respiriamo in modo affannoso ed irregolare. Una volta perso il respiro ordinato il cuore si agita e la connessione 'energetica', di cui abbiamo parlato così tanto, è compromessa. Insomma, mi avete capito, tutto precipiterà verso una vera tragedia! Spesso si tralascia di parlare della respirazione rilassata o addirittura la si ignora. Forse perché è fatta di una 'materia' non visibile, non tangibile, l'aria? Solo quando non c'è più ci accorgiamo della sua importanza!

Studiamo allora adesso il suo meccanismo costituito dal polmone e dai muscoli accessori. Il più importante è il diaframma, muscolo situato all'interno del nostro corpo e perciò di esso risulta difficile avere un'esperienza pratica e 'tangibile', mentre tanti altri muscoli sono più facilmente percepibili.

Dove ci sono i muscoli è possibile un loro allenamento ed un loro miglioramento! Ascoltando il timbro della nostra voce, mentre parliamo, possiamo facilmente controllare il rendimento e il funzionamento della nostra respirazione. Una respirazione faticosa e cattiva invece produce nel corpo delle tensioni, che spesso si rivelano procurando una eccessiva sudorazione, data la sua connessione con i muscoli.

Perciò quando alcune parti del corpo sono tese o doloranti, anche la respirazione diventa difficoltosa.

In ogni caso è preferibile un respiro corto, ma rilassato, ad uno lungo, ma teso. Più siamo allenati a respirare bene ballando, più probabilità abbiamo di prolungare la durata e profondità del respiro stesso e più il nostro corpo si abituerà a gestire una quantità maggiore d'ossigeno, permettendoci di ballare senza stress e a lungo.

Ed è questo che vogliamo, vero?

I vari metodi respiratori che vorrei presentarvi prendono il loro nome dalle strutture che, oltre ai polmoni, lavorano nella respirazione.

Grossolanamente si dividono in due gruppi: nel primo il nostro corpo esterno si altera, come nel funzionamento del soffietto. Infatti, durante la respirazione toracica, il torace si allarga quando inspiriamo e si restringe quando espiriamo.

Ciò viene facilitato da due tipi di muscoli accessori: elevatori delle coste ed intercostali esterni per l'inspirazione, intercostali interni per l'espirazione, che infatti allontanano o avvicinano le costole.

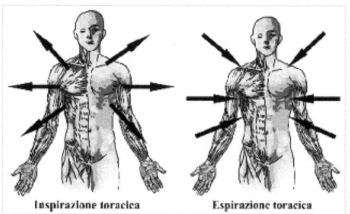

Inspirazione toracica   Espirazione toracica

Tutto ciò garantisce, oltre ad una maggiore ventilazione, una stabilizzazione del tratto cervico-dorsale del rachide, proprio lì dove possiamo accusare dolori dopo ore e ore di ballo. Agendo inoltre nella zona del cuore, la respirazione toracica agisce fortemente sulle emozioni, spesso amplificandole. Per questa ragione vi consiglio di non usarla durante il ballo! Fate semplicemente una bella inspirazione prima di abbracciarvi, lasciate ora il torace 'aperto', mentre usate fino alla fine del brano la respirazione diaframmale, che studieremo fra poco.

Un'altra respirazione, dove cambiamo 'forma' esteriore, possiamo sperimentarla nella respirazione addominale, dove, sdraiati supini, mettiamo una mano sull'addome. Inspirando, l'addome dovrebbe ora alzarsi per primo, per poi abbassarsi con l'espirazione. Ma, attenzione!

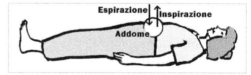

Questo esercizio è possibile solo se siamo perfettamente sdraiati, quando la forza di gravità assicura il giusto movimento verso basso, altrimenti allenerete solo i muscoli della pancia, che si ingrosserà! E questa è una cosa da evitare, vero? La respirazione addominale ha anche effetti calmanti ed è quindi indicata per casi d'insonnia dopo euforiche serate di ballo e in stati d'ansia e di stress, quando in milonga non tutto va come vogliamo, e ovviamente stimola l'intestino che magari si è impigrito durante le tante ore in aereo e per il cambio d'ambiente. Essa richiede inoltre un leggero basculamento pelvico, che sbloccando così la connessione tra l'osso sacro e il tratto lombare, combatte i dolori lombari.

Nel secondo gruppo delle tecniche respiratorie, come avviene nella respirazione diaframmale, il nostro involucro esterno invece deve rimanere inalterato, in modo simile al funzionamento della pompa della bicicletta, dove il pistone, nel nostro caso il diaframma, deve scendere e salire, senza perdere contatto con il suo involucro esterno. Se dovesse farlo, non sarebbe possibile una pressione e nel caso della respirazione, una sana ventilazione.

Importante a questo proposito è sapere che il diaframma, ricordiamoci che è un muscolo, è inserito anche sul tratto lombare del rachide, ovviamente all'interno del nostro ventre. Ciò significa che, usando il diaframma, il tratto lombare nell'inspirazione viene spinto all'indietro appiattendosi, mentre nell'espirazione, quando il diaframma sale nella sua posizione rilassata, il tratto lombare del rachide viene tirato in avanti così da facilitare la sua curvatura.

Alternando questi due micromovimenti, il tratto lombare risulta sempre rilassato e privo delle tensioni che insorgono quando non viene più mosso in tal modo. Respirare in questa maniera mentre si balla, aiuta ad eliminare una buona parte dei dolori alla schiena, specialmente dopo ore di ballo, in particolare proprio nella zona lombare. Questa è ovviamente la respirazione per ballare lo stile Milonguero Apilado, dove i petti poggiano uno sull'altro e dove,

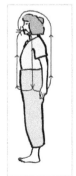

quando avviene un movimento in questa zona, la connessione per guidare e seguire e per lo scambio energetico tra i due ballerini viene interrotta. Inoltre, la respirazione diaframmatica, proprio perché non coinvolge il petto e la cassa toracica e quindi non altera il rapporto 'energetico-danzante' con il partner, porta 'in basso' la nostra emotività, calmandola e questa, carissimi ballerini, sarebbe una carta da giocare, non vi pare?

Vi consiglio di respirare, mentre ballate, solo attraverso il condotto nasale, cosa che, oltre ad evitare di far sentire un probabile respiro sibilante al partner, aiuta a tenere la testa alta e vi assicura una postura più elegante in sala. Per esercitarci, possiamo chiudere con l'indice una narice del naso e inspirare, per poi far uscire tutto durante la successiva espirazione, attraverso l'altra narice. Questo esercizio funziona alla meraviglia quando, appena usciti dall'aeroporto, vi comincia a colare il naso (accidenti all'area condizionata durante il volo, vero?).

Per migliorare la respirazione a bocca chiusa, possiamo anche respirare, meglio in piedi o seduti, con la lingua appoggiata sul palato, dietro gli incisivi.

Immaginiamoci inoltre di espirare scendendo lungo il tubo digestivo, che per semplificare immaginiamo diritto, (anche questo dà un notevole aiuto al nostro intestino 'intimidito' dalle ore di volo) fino al perineo. Contemporaneamente anche il diaframma scenderà. Inspirando possiamo salire anteriormente e posteriormente fino a ritornare di nuovo all'interno della bocca.

Un altro metodo è quello d'immaginare di espirare dalla radice della lingua, lungo la parte anteriore del corpo, fino alla metà della pianta del piede e di inspirare lungo la parte posteriore, salendo fino al palato. Questa respirazione aumenta notevolmente la padronanza dei movimenti, sia quelli ampi che quelli piccoli e fini dei firuletes.

Possiamo anche aprire semplicemente la bocca ed espirare, magari cantando (in milonga lo fanno solo gli uomini, mi raccomando!) il brano che stiamo ballando, metodo che tra l'altro facilita la stabilità della testa, della gola e del collo.

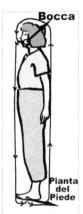

Altrimenti riempite la bocca con l'aria gonfiando le guance e sbuffate fuori l'aria con un dolce scoppiettio (ma esercitatevi solo a casa!!). Questo esercizio inoltre combatte le rughe causate dalle notti bianche danzanti e rende le labbra morbide e seducenti!

Come verificare però se la nostra respirazione è corretta?

È perfetta, quando possiamo ballare a lungo, senza perdere contatto con il nostro partner, senza stress, con facilità e piacere, e senza sudare eccessivamente.

Vorrei invitarvi, cari ballerini, a sperimentare e ad allenare (non in milonga, mi raccomando!) la respirazione abbinata al ballo.

Probabilmente noterete che tutti i passi, che 'conquistano' lo spazio, si prestano senza sforzo all'espirazione, mentre quelli sul posto, pensiamo ad esempio all'uscita del voleo, si fanno meglio con una inspirazione, quindi quando volete condurre la partner verso di voi, ispirate! Inspirate non solo l'aria, ma in un certo senso tutto il movimento della partner, cosa che aiuta molto nella conduzione dei movimenti!

La stessa tecnica può essere utilizzata anche dalla ballerina: ogni pivot, ma anche ogni movimento e pivot verso il vostro partner avviene meglio con un'inspirazione, poi espirate facendo un passo. Se uno dei due ballerini è il centro del cerchio, come avviene ne los giros o nella candela, chi rimane fermo al centro non deve andare in apnea, ma respirare, in modo naturale e rilassato, per tutta la durata di questa figura.

Infine, qualcosina per il benessere corporeo, che in un certo senso capovolgerà tutto ciò che vi ho detto fin'ora. Ma ahimé, 'la vida es así'! A chi desidera estendere i suoi movimenti al massimo, consiglio d'espirare durante l'esecuzione; a chi invece vuole estendere al massimo la colonna vertebrale, propongo d'espirare al ritorno sul proprio asse, cioè quando si ritrova con i due piedi accostati. Chi cerca la massima fluidità del movimento, utilissima per i cambi di direzione, anche veloci, dovrebbe inspirare mentre ad esempio recupera l'asse nella fase finale di un 'corte' e chi vuole ballare, anche se con dolori, potrebbe sperimentare l'inspirazione mentre fa dei passi.

Ballare insieme condividendo una respirazione naturale, inconscia e rilassata, può essere un'esperienza tanguera davvero 'trascendentale' e quindi corriamo in sala ed entriamo nel Tango espirando!

XXVII Consiglio
Esercizi con un pallone e esercizi antistress

Arriviamo a 'Vuelvo al Sur', Tango del musicista Ástor Piazzolla ed il poeta Fernando 'Pino' Solanas, cioè nel barrio La Boca (Non pensavate mica che si parli della Patagonia, vero? Per chi ama il Tango, 'el sur' sarà sempre ed esclusivamente il sud di Buenos Aires!). Lascio ai turisti 'el Caminito', strada di case colorate una volta con i resti delle vernici adoperate per le navi, ed il Museo delle Cere (Museo de Cera) della storia argentina.

Entrando invece nei numerosi negozi, spesso ricavati da ex-conventillos, possiamo comprare dei regalini per chi è rimasto a casa: per gustare la 'yerba' (erba mate) acquistiamo un 'porongo', cioè un recipiente realizzato con una zucca, in legno o in metallo, insieme alla 'bombilla', una cannuccia di metallo che, fungendo da filtro, impedisce alle foglie di erba mate di arrivare in bocca. Assaggiate questa tipica bevanda indio, che alle origini usavano bere senza zucchero e solo dopo essere stati 'corrotti' dai gusti 'bianchi' oggi la offrono anche addolcita.

Carine sono anche le scacchiere, le cui pedine sono indios e conquistadores, o la sacra famiglia (la navidad) intagliata all'interno di un tronchetto apribile di legno pesantissimo.

Vicino c'è poi il grande stadio dei Boca Juniors con i quali l'icona calcistica, Diego Armando Maradona, ha iniziato la sua carriera.

Appoggiandomi sulla ringhiera del porto e guardando nelle sporche acque del Ríachuelo penso: 'Tanti Viejos Milongueros hanno giocato a calcio e tanti, nella loro gioventù, hanno ballato più che altro il Rock'n Roll e solo quando negli anni Ottanta il Tango si è fatto riscoprire, hanno ricominciato a ballarlo o addirittura l'hanno scoperto per la prima volta. In ogni caso tra calcio e Rock'n Roll il loro corpo era sicuramente pronto per questo Tango!'

Forse non sarebbe male percorrere la stessa strada, prendendo un pallone in mano, meglio se morbido, ma andrebbe bene anche uno da calcio, magari firmato da Maradona!

Questi esercizi isometrici[37] sono ottimi anche per chi ha già un po' di dolori, perché non coinvolgono in modo particolare le articolazioni. Questi, fatti in piedi, tonificano le spalle, cosa ovviamente importantissima per il ballerino di Tango. Ma non solo! Hanno anche un effetto immediato sulla postura, perché, eseguendoli, automaticamente si sta diritti.

L'esercizio eseguito seduti a gambe incrociate rilassa le anche, ottimo per i giri, mentre l'esercizio in ginocchio tonificherà il vostro collo, una parte del corpo spesso dimenticata e perciò sempre a rischio. Infine, mi raccomando, ogni volta che fate una pressione, espirate!

Prendete un pallone in mano, estendete le braccia verso il basso e schiacciatelo, espirando, senza piegare i gomiti.

Fate lo stesso esercizio allungando le braccia in alto ed espirate premendo sul pallone.

Portatelo ora dietro la schiena e, sempre con una espirazione, schiacciatelo di nuovo.

Ponete ora il pallone tra una mano e l'anca e espirando premetelo.

Infine, riportatelo davanti al petto e premetelo espirando, con i gomiti in linea orizzontale.

Ora mettiamoci a sedere in terra a gambe incrociate e sistemiamo il pallone sotto un ginocchio. Espirando abbassiamo tutt'e due le ginocchia e ovviamente una delle due premerà sul pallone.

---

[37] Durante l'esecuzione i muscoli vengono tesi, ma il segmento corporeo non viene mosso (ad esempio premendo contro un muro)

Per tonificare il collo vi propongo invece di inginocchiarvi e sistemare il pallone tra il pavimento e la vostra fronte, la testa si intende come un prolungamento della colonna vertebrale e perciò non si piega sul collo. Sempre espirando, premete ora il pallone verso il basso, mettendo particolare attenzione a farlo con tutto il torace e a lasciare il collo nella posizione precedentemente assunta.

Siete ancora ansiosi? Dubitate, anche dopo gli esercizi respiratori, della vostra capacità in sala? Incertezze da eliminare assolutamente! Meglio considerarsi eterni principianti ovvero capaci d'imparare sempre. In ogni caso respirate, respirate e respirate e siate certi che tutto si aggiusterà!

I movimenti agiscono tutti anche sull'interno del corpo tonificandolo, allungando i tendini e rilassando sia i muscoli, che la mente. Quindi sono senz'altro indicati per le ballerine, las seguidoras, per evitare che preoccupandosi anticipino i passi, ma, a mio parere, anche per i signori ballerini per aumentare il loro rilassamento mentale e quindi combattere lo stress proveniente dalle loro responsabilità, cioè dal piacere e dovere della guida.

Per rilassare e tonificare la schiena, il che fa sempre bene, sdraiamoci sulla schiena abbracciando le ginocchia e dondoliamoci da destra a sinistra.

Per sperimentare la torsione incrociamo le mani dietro la nuca e facciamo un passo in avanti. Giriamoci verso il lato della gamba anteriore. Poi ritorniamo nella posizione iniziale. Durante questo esercizio non è possibile alternare subito un lato con l'altro e quindi lavoriamo prima su uno, per poi cambiare piede e lato.

Seduti in terra con una gamba piegata, giriamo durante questo esercizio il busto verso il lato della gamba piegata e allunghiamo la schiena, distendendo l'altra gamba.

Sdraiamoci sulla schiena e apriamo le braccia. Alziamo ora una gamba e appoggiamola sul lato opposto.

Poi riprendiamo la posizione iniziale.

Per mobilizzare le anche per piacevoli giri sdraiamoci sul fianco sinistro ed alziamo la gamba destra e ripetiamo l'esercizio dall'altra parte.

Per poter allungare la parte posteriore delle gambe compreso il tendine d'Achille e per rendere il tutto più elastico, sediamoci ora in terra a gambe estese ed avviciniamo le punte dei piedi. Dopodiché le rilassiamo di nuovo.

Tonificare la coscia, le spalle e le braccia per ballare ed abbracciare senza timori riesce meglio seduti in terra, afferrando i piedi e allungandoli mentre ci chiniamo in avanti... o seduti in ginocchio, appoggiando le mani davanti a noi ed alzando il bacino. Poi appoggiamo di nuovo le ginocchia in terra.

Per stendere l'anca e l'inguine sempre per un bacino forte, ma recettivo, sediamo in terra a gambe incrociate. Afferriamo ora i piedi e muoviamo in su e in giù le ginocchia...

oppure, sempre seduti in terra, inchiniamoci semplicemente in avanti.

Lavorare sull'apertura dell'anca (sempre per giri favolosi) può essere facile! Infatti sdraiati supini, facciamo combaciare le piante dei piedi e allarghiamo il più possibile le ginocchia. Dopodiché ritorniamo nella posizione iniziale.

Per mobilizzare ulteriormente i fianchi, indispensabile per la Milonga con cortes y quebradas, sediamoci di nuovo in terra a gambe incrociate ed appoggiamo una mano sul ginocchio e l'altra in terra. Poi chiniamoci verso quest'ultima e torniamo in seguito nella posizione iniziale.

Dopodiché estendiamo un braccio in alto diagonalmente, mentre con l'altra mano spingiamo sul ginocchio opposto

 Ed infine incrociamo le braccia e spingiamo con la mano del lato opposto sul ginocchio, mentre l'altro braccio si allunga in alto diagonalmente.

Per piegarsi e rilassare la spalla per non muoverla mai nel momento inopportuno, il seguente esercizio potrebbe essere utile: in piedi, uniamo le mani dietro la schiena. Inchiniamoci in avanti ad angolo retto e solleviamole. Per ritornare nella posizione eretta dobbiamo prima abbassare le mani e poi alzarci.

Per avere delle mani rilassate, vorrei invitarvi ora ad aprirle e chiuderle velocemente e con forza per rilassarle e garantire un contatto morbido, dolce e piacevole.

Infine eseguiamo una serie particolare di esercizi in piedi da fare in pochi minuti.

Il primo serve a riscaldarvi, a rilassare in generale la schiena, a mobilizzare le anche e a ricreare le curve fisiologiche corrette per un asse altrettanto perfetto.

Dalla posizione eretta pieghiamoci flettendo in avanti il busto, mentre le mani afferrano la punta dei piedi. Torniamo nella posizione eretta, flettendoci leggermente all'indietro e inspirando alziamo anche le braccia.

Il secondo agisce sull'apertura del torace, sciogliendo tensioni nella zona del plesso solare e l'ansia in generale, sulla stabilizzazione delle spalle e sul rilassamento delle mani per un abbraccio sicuro.

In piedi fingiamo di tenere un pallone davanti al nostro corpo. Inspiriamo. Distendiamo poi le mani lungo una linea diagonale, in modo che il palmo di quella che scende sia rivolto verso il basso e l'altro verso l'alto. Ritorniamo, inspirando, nella posizione iniziale e riportiamo le mani davanti al corpo, intorno al pallone immaginario.

Nel seguente esercizio allentiamo le spalle, le braccia e le mani e rilassiamo inoltre anche una buona parte della tensione nervosa.

Dalla posizione frontale, dopo aver inspirato, giriamoci verso un lato e stringiamo le mani a pugno e scuotiamole, espirando. Torniamo ora nella posizione iniziale, inspirando, ed eseguiamo l'esercizio nell'altro lato.

Rilassiamo ancora meglio le spalle e aumentiamo la stabilità dell'equilibrio con il quarto esercizio.

La posizione è eretta. Inspiriamo sollevando le spalle e i talloni. Espirando lasciamo cadere prima le spalle e poi scendiamo verso il basso, finché i talloni non appoggiano di nuovo in terra.

Durante il seguente esercizio allunghiamo la colonna vertebrale ed apriamo il petto, cosa sicuramente importante per ballare senza ansia.

Raccogliamo quindi le mani con i palmi rivolte verso l'alto, davanti al ventre ed inspiriamo. Solleviamo poi lentamente le mani, girando l'interno verso l'alto, sopra la testa. Solleviamo anche i talloni dal suolo. Espiriamo, mentre scendiamo. Le braccia scendono con un movimento ampio, circolare. Assumiamo di nuovo la posizione iniziale, prima di ripetere l'esercizio.

Per rilassare il collo e tenere abbassate le spalle proseguiamo con questo esercizio dove ruotiamo la testa verso un lato, guardando all'indietro ed inspiriamo.

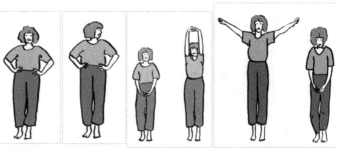

Torniamo con la testa nella posizione iniziale, mentre espiriamo e ripetiamo l'esercizio verso l'altro lato.

E per estendere il torace e rilassare le spalle e le mani, proseguiamo inspirando e sollevando le mani davanti al petto, incrociandole.

Giriamoci ora verso un lato e allontaniamo le braccia come se si dovesse tendere la corda di un arco. Un braccio si stenderà completamente con la mano alzata e il dorso sarà rivolto verso di noi.

L'altra mano 'tirerà' la corda dell'arco, usando il pollice, l'indice e il medio. Infine, allentiamo la tensione, espirando e ritorniamo nella posizione iniziale, incrociando di nuovo le mani. Proseguiamo verso l'altro lato.

L'ultimo esercizio serve ad aumentare la mobilità del bacino ed a rilassarlo. Per l'esecuzione dell'esercizio dobbiamo divaricare un po' le gambe e piegare le ginocchia. La posizione è molto simile a quella della cavalcatura.

Appoggiamo le mani sulle cosce senza premere. Muoviamo i glutei scuotendoli, via via questo esercizio coinvolgerà tutto il corpo, mentre cerchiamo di mantenere la respirazione più tranquilla e regolare possibile.

XXVIII Consiglio

Asse ed equilibrio della coppia, dieta per ballare e passi del 'kamasutra tanguero'

Nel Tango Milonguero Apilado l'asse della coppia, come il suo equilibrio, cade proprio nel centro della loro figura.

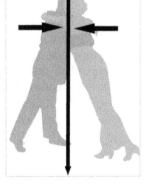

Perciò la pressione esercitata da ambedue i ballerini deve essere sempre uguale, altrimenti l'asse si sposta verso la persona che preme meno, e non sarà possibile avere un equilibrio nella coppia senza ricorrere a rimedi come non appoggiarsi più, tirare il partner verso sé stessi, spostare il sedere indietro, spezzando in tal modo il proprio asse, e così via.

È importantissimo trovare in partenza la giusta relazione, per potersi poi dedicare totalmente al partner ed al ballo, altrimenti non si forma la coppia ed il 'Tango' non sarà possibile. Così sarà sempre la donna che si appoggia per prima e che decide quindi quanta contropressione vuole ricevere dal suo partner.

Il ballerino deve immediatamente corrispondere con la sua pressione e ovviamente fare tanta attenzione a non premere più del dovuto, per non 'inchiodare' la sua dama al suolo impedendole di seguire agevolmente, per non farle venire mal di schiena e non farle assumere posizioni errate. Non deve neanche premere troppo poco però, per non farsi male lui alla schiena ed impedirsi una comoda possibilità di conduzione. Entrambe le reazioni sbagliate alla pressione femminile iniziale portano inevitabilmente a dolori alla schiena per tutt'e due i ballerini e rendono impossibile sia il guidare che il seguire.

A questo proposito vorrei farvi notare che non esiste una guida buona e un seguire meno buono! Esiste solo un guidare-seguire o no! Tutte le strategie che vengono automaticamente applicate quando questi non funzionano, come usare le mani e le braccia, guardare in terra e così via, non sono funzionali per il Tango Milonguero. In questo stile bisogna appoggiarsi e sentire il partner e l'uomo deve essere uomo e la donna donna e non esiste nient'altro, mentre tutte le altre forme sono ibride e si allontanano dall'originale.

Visto che siamo entrati in questo argomento, poiché esistono anche a

Buenos Aires milongas per gay, vorrei dirvi che lo stesso concetto di uomo-donna ovvero guidare-seguire vale anche per la coppia gay, che balla il Tango. In ogni caso, per ogni tipo di coppia il Tango richiede un'identica carica sessuale 'maschile e femminile', cioè del guidare e seguire. Se non troviamo questa intesa, meglio non ballare insieme!

Tutto questo contrasta con la diceria che il Tango sia un ballo macho! Come è possibile questo, quando tutt'e due i partner si affidano l'uno all'altro in uguale misura, cioè se si sposta uno, l'altro segue e se uno si stacca, l'altro cade?

Infatti, dopo aver trovato l'asse nella coppia, dobbiamo, nel muoverci ballando, cercare continuamente questo equilibrio. Così se il ballerino sposta la sua dama, essa risponde immediatamente seguendolo con il suo asse per non fare perdere entrambi l'asse condiviso. In un certo senso possiamo anche spiegare lo sviluppo di tutti questi passi e le figure, come una naturale reazione per non perdere il famoso ed importante asse comune o, se volete, la connessione di cui la coppia ha bisogno per esistere.

Scusatemi, ma a questo punto mi è venuta in mente un'altra cosa: quando vi appoggiate, care ballerine, fatelo gradualmente non solo all'inizio, ma potreste anche 'dosare' ed aumentare l'intensità dell'appoggio durante la tanda. Al primo Tango della tanda potete farlo meno, per poi arrivare alla 'apoteosi' dell'appoggio nell'ultimo, metodo sicuramente molto gratificante per il vostro ballerino.

E mi raccomando, alla fine di ogni ballo, per non cadere, dovete staccarvi dolcemente, cosicché tutt'e due i ballerini possano riprendersi il proprio asse!

Ora basta! Dovreste anche provare la pasta porteña! Viene servita in porzioni super-abbondanti! Infatti, prima di tuffarvi nelle danze prolungate vi consiglio di mangiare carboidrati, cioè le dolci mezzelune, ma anche pane o pasta, sempre abbinati alla verdura, per garantirvi sia gli zuccheri che i minerali necessari.

Gli zuccheri provenienti dai cereali vengono rilasciati nel sangue lentamente ed è proprio di questo che abbiamo bisogno durante un'attività motoria intensa e prolungata. Questo tipo di alimentazione previene i dolori muscolari del giorno seguente ad una intensa attività fisica dovuti dalla produzione di acido lattico proveniente dall'assunzione di proteine animali.

La dieta migliore sarebbe quello di mangiare prima della milonga carboidrati e al suo termine proteine animali, così da poter tranquillamente e senza dolori ripartire il giorno seguente per le milongas.

A proposito delle milongas: non lasciate assolutamente chiavi, soldi e documenti nel cappotto nel guardaroba (vi siete fotocopiati i vostri documenti in precedenza, vero?)!

Colgo l'occasione per ricordarvi che per un ottimo esito in milonga non basta solo la 'buona musica' e il saper ballare bene. Tutti i ballerini dovrebbero partecipare attivamente, essere presenti ed avere voglia di ballare e di divertirsi! Sono sopravvissute anche a Buenos Aires delle milongas, dove si balla in sale multiuso, spesso sportive, come nel caso del salón Sunderland, che è praticamente una palestra con i cestini della pallacanestro. Come ballano bene però!

Ah sì! Il sabato sera normalmente si va con il proprio partner a ballare, quindi, se siete soli, non vi aspettate che qualcuno vi inviti! Però possiamo ammirare delle coppie che, ormai anziane, ballano insieme da almeno 30, 40 anni. Uno spettacolo!

Se mi chiedete se le ballerine di una certa età ballano meno, posso solo dirvi che può succedere! Infatti, tutte le ballerine hanno solo tre carte da giocare per essere invitate: o sono giovani o divertenti o sanno ballare, e lo stesso vale per i signori ballerini! Quando la gioventù sta per passare, non ci resta altro che sviluppare le altre due qualità e quindi niente bronci, sorridete, studiate e diventate brave! E lo stesso vale anche per voi, signori ballerini, almeno a Buenos Aires! Infine, vedrete che non importa l'età, anzi nelle milongas tipiche è molto frequente vedere ballare coppie di diverse età. Sembra che le ballerine giovani gradiscano molto un ballerino meno atletico e palestrato, mentre i ballerini di una certa età amano ballare con ragazze giovani, non ancora ferite dalla vita, che si abbandonano al loro abbraccio e movimento. E la ballerina di una certa età balla volentieri con un giovane ballerino volenteroso di sperimentare, che ascolta senza imporsi eccessivamente e che porta in modo sicuro, mentre il giovane ballerino ama ballare con lei, la seguidora ideale, perché sa seguirlo senza rinunciare al proprio modo di ballare.

In ogni caso non parlate mentre ballate! Se volete comunicare, alla fine della tanda, al vostro partner che siete rimasti impressionate dalle sue prodezze danzanti, e fargli il massimo dei complimenti, chiedete il suo nome! Può capitare che il cameriere vi allunghi discretamente un biglietto da visita di una milonga, non deve per forza essere quella in cui vi trovate… Chiedete chi ve lo manda, fate un cenno con la testa con un piccolo sorriso verso questa persona e basta, ed in seguito invitatevi. Avete ricevuto uno dei massimi apprezzamenti che si può ottenere in milonga!

Chi sa che cosa lo ha così impressionato? Nel mondo e così anche nel Tango esistono due tipi di uomini: coloro a cui piace che la sua ballerina comunichi il suo gradimento con piccoli gesti di seduzione 'autoerotizzanti', chiamati nel nostro caso tanguero decorazioni ovvero firuletes, che vanno eseguiti senza disturbare la guida direzionale e ritmica dell'uomo, e coloro che non le gradiscono. Le decorazioni, eseguite dal ballerino, sono invece tutto un'altra cosa: servono a esaltare il ritmo! Mi raccomando, signori ballerini non esagerate, altrimenti los Viejos Milongueros vi considereranno delle femminucce! In ogni caso nei firuletes eseguiti in mezzo al passo, il partner non deve aspettare chi le esegue. Questi firuletes maschili avvengono maggiormente nell'ultima generazione stilistica e non si vedono nelle milongas porteñas.

Se si gioca con le decorazioni femminili durante le figure lente e sul posto, a questo punto sì, che il ballerino attende la sua dama 'ascoltandola'. Un aspetto veramente 'kamasutriano'! Lui si ferma per lei e l'aspetta! Non vi pare?

A proposito di kamasutra e di vari insegnamenti erotici cinesi, vorrei rassicurarvi che ballare la seduzione tanguera attraverso il condurre e seguire non viene facile e naturale. Anche i più bravi ballerini hanno studiato e studiano sempre la tecnica vera e propria, la giusta respirazione, le sospensioni, il dimenticarsi di tutto e lasciarsi portare dal ritmo seducente del Tango e del proprio corpo, che risponde.

Insomma, un programma veramente 'amoroso'!

Visto che siamo arrivati ad alcuni passi particolari, vorrei ritornare sulla storia del gancho. Alle origini, per la mancanza di donne, gli uomini lo ballavano ovviamente solo tra di loro.

Solo, in seguito, lo fecero anche con le donne, ma certo non con quelle dell'alta società o con una che volevano sposare! I ganchos sono stati sempre considerati abbastanza aggressivi, violenti e pieni di un significato erotico…

All'inizio si ballava anche un 'gancho doble', cioè doppio gancho, che tutt'e due i ballerini eseguivano contemporaneamente, dando forma ad un bell'intreccio. Oggi si vedono i ganchos eseguiti soprattutto dalle donne, ma la nuova generazione del Tango li ha introdotti di nuovo nel carnet maschile.

Il gancho si può posizionare all'interno o all'esterno dell'arto inferiore sopra il ginocchio, che dovrebbe essere piegato, per invitare la ballerina a farlo.

Nelle varie contaminazioni fra Tango e la danza classica e moderna si sono creati anche ganchos sul giro vita del partner, dove le gambe si aprono, ragione per cui sono individuabili come appartenenti alla 'nuova generazione' e al mondo dello spettacolo. Nelle forme tradizionali si dovrebbe evitare d'aprire le gambe! E questo vale più o meno sia per le ballerine che per i ballerini. E come vogliamo chiamare il tentato calcio o gancho tra le gambe della partner sotto la zona pubica? Forse veniva ballato all'inizio del Tango tra uomini?

In ogni caso non ballate questi ultimi due nelle milongas tipicas di Buenos Aires, perché ciò viene considerato come una mancata considerazione del partner!

Forse dovremmo finalmente parlare dei significati, del linguaggio dei passi? Ricordiamoci che il Tango nasce nell'Ottocento, quando la donna dovrebbe tenere le gambe accostate, mentre l'uomo ballando le 'parla', le 'sussurra parole dolci', in altre parole un corteggiamento spietato per toccarle con la gamba il fianco o per inserire la gamba tra le sue. Lei fa di tutto per evitare questo, sorridendo e giocando, però sempre all'erta! Diventa una chiacchierata, dove il ballerino fa delle domande e lei può rispondere con un sì, un no o con un forse.

Per non interrompere questo dialogo, profondo e civettuolo (perché no?) è essenziale non perdersi, non perdere il contatto fisico ed energetico con il partner. Con queste poche parole, ho già detto tutto sul significato di vari passi!

Ma vediamo se mi posso spiegare meglio. Nel ocho, atrás o adelante, la ballerina sta insieme al suo ballerino appoggiata con il petto e con il cuore (!!), mentre il suo bacino gira, si divincola... dicendo così 'ti amo, ma sesso ancora no!'.

Guardiamo un attimo un certo tipo di 'mordida' (cioè morso), dove il ballerino intromette un suo piede tra quelli della sua dama, mentre lei sta per accostare un piede all'altro, facendo racchiudere tra i piedi femminili quello suo. Mossa davvero astuta e compromettente!

A questo punto la ballerina può rispondere in vari modi: può accettare o no il suo 'invito' iniziale di catturarlo, accostando o no il proprio piede a quello del partner. Se non accetta, può incrociare semplicemente il suo piede dietro l'altro. Potrebbe anche dire 'forse', toccando appena, appena il piede maschile, per poi incrociarlo come prima.

Anche se nelle nostre sale questa versione della mordida viene ballata molto, vorrei avvertirvi che, nella comunità milonguera di Buenos Aires viene considerato un approccio molto esplicito. Intromettere il piede maschile sembra però essere meglio accettato se la dama è libera! Volete proprio sapere che cosa significa questa mordida? Beh, lui mette il suo piede tra le gambe della sua ballerina... Mi devo spiegare ancora meglio?

Un altro passo 'osé' nelle milongas tipicas è proprio il gancho di cui abbiamo parlato poco fa. Viene considerato molto compromettente e perciò, in pubblico, è ritenuto sconveniente. Se voi ballerini osaste farlo, una milonguera di Buenos Aires vi lascerebbe all'istante da soli in pista, mentre tutti assisterebbero a questa scena! Sarebbe poi impossibile trovare un'altra ballerina che accetti di ballare con voi, signori! E ovviamente la dama che esegue un gancho... sarà, forse (ma non sempre, occhio!), amata e riverita! Che ingiustizia!

In ogni gancho tenete il tacco alzato sempre all'interno dello spazio della coppia!!

Nella 'parada' e nella 'barrida' si ferma e si sposta con il proprio piede un movimento del partner. La causa, funzionale alla sala da ballo, di ciò potrebbe essere un pericolo in arrivo o una voluta interruzione per facilitare un ascolto reciproco.

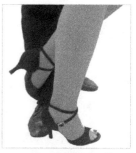

Nel Tango Milonguero tipico non vengono ballati molto, si preferisce il 'corte', perché non interrompe il flusso in sala e il ballerino se davvero deve proteggere la sua dama, preferisce offrire la propria schiena. Non fermandola e facendola sempre sentire protetta, il milonguero ottiene sempre il massimo ascolto dalla sua partner!

Nel corte, un passo dove lo spostamento del peso non arriva al 100% e necessita perciò di un immediato ritorno sulla gamba iniziale, la ballerina sta per un attimo a gambe aperte! Ce l'ha fatta, il ballerino!!

Ma per non compromettere la sua compagna, la riporta subito in una posizione a gambe accostate. Per inerzia, mentre lei si trova già nel movimento di ritorno guidato dal petto maschile, il suo bacino oscilla ed è proprio questa piacevole sensazione che fa impazzire los Viejos Milongueros!

E le 'sacadas'! Quanto mi piacciono! Qui si leva, si sposta la gamba della ballerina semplicemente spostando il proprio asse (almeno spero che non riconduciate il Tango alle sue origini immaginarie di lotta tra ballerini, e poi ci si fa anche male!) direzionato sull'esterno, ritenuto più rispettoso o sull'interno (un vero approccio osé!) della coscia femminile.

Mai e poi mai sul ginocchio, cosa che viene interpretata come aggressione, oltre a mettere in grave pericolo quest'articolazione!

Poco conosciuta è invece la sacada eseguita sull'interno della caviglia, tacco. E, francamente, è anche quella più difficile!

E come potrebbe ora rispondere la ballerina? Avete voglia d'indagare sui modi femminili di dire la propria?

Prima di tutto vorrei avvisare le ballerine che non sono tenute, una volta superata la fase iniziale dell'apprendimento, di ballare 'a specchio temporale', scusate questo termine non proprio bello, cioè eseguire tutto alla stessa velocità del partner.

Così, ad esempio quando il ballerino vi fa 'rientrare', magari dopo un voleo, ma vale anche per una mordida, dove il ballerino racchiude tra i suoi piedi quello della dama, ha la possibilità di farlo lentamente, a tempo 'normale' o velocemente, ovviamente senza precipitarvi nel passo successivo, perché questo lo deve indurre lui. Secondo la loro voglia d'interpretazione o di comunicazione possono scegliere ciò che si addice loro di più.

 Possono scegliere rientrando di toccare o no il piede del partner, magari saltandolo. E possono anche sperimentare vari modi su come toccarlo: accarezzandole appena appena con il collo del piede o rimanendo un secondo accanto al suo. Possono arrivare al piede maschile con un ampio movimento del bacino o direttamente.

Possono infine anche scegliere la velocità del loro arrivo al piede del ballerino, magari in modo abbastanza focoso, e del passaggio sopra di esso.

Se il ballerino guida con grande energia, e non intendo ora per forza la velocità, le ballerine possono 'ubbidirgli' diligentemente, rispondendo con un movimento altrettanto energico, ma potrebbero anche 'assorbire' questa sua energia rispondendo in modo dolce e lento.

La Milonguera porteña in un certo modo è capace perciò d'ascoltare, d'assorbire le domande danzanti maschili e quindi di gestire le sue risposte femminili, che ovviamente sono condizionate dalle domande maschili, cioè da passi e velocità. Ma l'avventura della coppia è proprio quella, in cui il ballerino non saprà mai in quale 'tono' e modo la sua ballerina gli risponderà! E così i corpi iniziano a raccontarsi, finalmente!

Tante volte mi hanno chiesto quali parti si possano toccare o no ballando e così per finire vorrei parlarvi anche di questo perché lo ritengo un altro aspetto altamente 'kamasutriano' del Tango!

Appoggiandosi con i petti i due ballerini assumono una posizione a V rovesciata e finora niente di nuovo.

Finché si muovono semplicemente rimanendo in posizione frontale e quindi nel sistema binario, niente cambierà. Per cambiare in sistema ternario o quaternario (ocho, ecc.) e non lasciare la pressione tra di loro devono adattarsi eseguendo una torsione. In questo caso l'asse comune cambia, ma non solo!

Ora cambierà anche il punto d'appoggio, ampliando la superficie e all'improvviso si toccano anche ai fianchi. Rilasciando in seguito la torsione

e ritornando nella posizione frontale, i due corpi appoggiano di nuovo solamente al livello del petto.

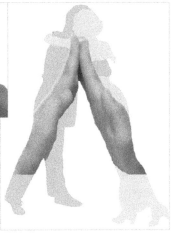

Quindi non sono solo le mani e le braccia, i piedi e le gambe a toccarsi durante il ballo, ma via via, tutto il corpo viene coinvolto! Mica male, vero? Possiamo sperimentare facilmente questo concetto appoggiando i polpastrelli delle mani a forma di una V rovesciata spingendo. Poi per simulare la torsione, giriamo di lato sul punto d'appoggio.

E con questo siamo arrivati al fatto che il milonguero porteño balla sempre per conquistare la sua dama attraverso l'abilità danzante di creare un comune sentimento ed una reciproca sensualità. Così la seduce, ad esempio, con la torsione del busto nei giri e con un brusco fermarsi nel corte. Ballerà sempre passi poco visibili davanti al pubblico della milonga affollata o almeno così si illude.

Essendo un genere d'uomo molto cauto eviterà proposte danzanti molto visibili come ad esempio il gancho, perché non vuole correre il rischio d'essere respinto, nel vero senso della parola, ma anche nel senso che l'intesa nel ballo si raffredderà, se la ballerina non gradisce ciò che lui fa.

La divulgazione dei 'passi milongueros impossibili' è invece collegata al mondo dello spettacolo. Infatti, in essi un ballerino, normalmente di formazione milonguera, si può finalmente sbizzarrire con passi non proponibili in sala da ballo, trattandosi di un'espressione puramente artistica! Quando li imitiamo (e quanto è bello farlo!), ricordiamoci però che lo sviluppo della sensibilità sul petto, che unisce i due ballerini in un unico corpo, ha bisogno di tempo. E non so più chi lo disse, ma quando un uomo cammina in modo favoloso, la sua ballerina 'muore' nel suo abbraccio e quando cammina in malo modo, lei vorrebbe morire.

L'unica salvezza nostra è ballare, ballare, ballare per sperimentare la così tanto ambita fusione danzante che 'arriva' molto più lentamente del previsto.

XXIX Consiglio
Il linguaggio del ventaglio e dei colori e testi di poesie sul Tango

La vita in milonga per le ragazze è veramente dura da quando il loro numero è molto superiore a quello degli uomini. Ora si devono cimentare in strategie su come attirare lo sguardo dei ballerini e anche se ciò che segue vi può sembrare bizzarro e non collegato con il mondo tanguero, fa comunque parte de los codigos (ovvero codici di comportamento) nelle milongas tipicas. Avevamo parlato poco fa del linguaggio dei passi, delle figure e visto che ancora oggi, e non solamente durante l'estate, possiamo notare nelle milongas porteñas una mina[38] sventolare un ventaglio, non vi farà male conoscere meglio questo linguaggio di seduzione e di comunicazione, arrivato nell'Ottocento dall'Europa.

Usandolo non vogliamo 'dire' e 'capire' cose sbagliate, non vi pare?? E quindi iniziamo la nostra ricerca con qualcosa di facile:

Appoggiare il ventaglio sulla guancia destra vuol dire 'Si', mentre sulla guancia sinistra significa 'No'.

Sostenendolo con la mano destra di fronte al viso indichiamo un 'Seguitemi', quasi lo stesso 'Seguitemi, quando me ne vado' per cui ci dobbiamo coprire il viso col ventaglio aperto. Tenendolo invece con la mano sinistra, sempre di fronte al viso, diciamo 'Vorrei conoscerti'.

Se lo apriamo molto lentamente con la mano destra vuol dire 'Aspettami', mentre con la mano sinistra segnaliamo 'Vieni e parliamo'.

Farlo scivolare sulla fronte significa 'Sei cambiato', sugli occhi 'Vattene, per favore' o più genericamente 'Scusatemi' e se lo fate passare sulla guancia significa ammettere 'Vi amo'.

---

[38] 'Mina' significa in lunfardo (vi ricordate? Si tratta di un linguaggio, spesso della malavita, in codice) ragazza, donna

Muovendolo con la mano sinistra avvertiamo 'Occhio, ci osservano!' o agitandolo chiuso in modo circolare 'Ci stanno spiando, stiamo quindi attenti'. Se però lo muoviamo con la mano destra diciamo 'Voglio bene a un altro!' e lo stesso vale quando lo facciamo roteare nella mano sinistra.

Sventagliarsi rapidamente significa 'Sono fidanzata', ma lo stiamo dicendo anche quando ci sventagliamo velocissimamente con la base parallela al petto, mentre se lo facciamo lentamente avvertiamo 'Sono sposata', occhio però se lo muoviamo lentamente ma sempre tenendo la base parallela al petto facciamo intendere che 'Sono sposata, ma quasi, quasi tradirei anche...

Fare scivolare un dito dell'altra mano sui bordi del nostro ventaglio significa 'Vorrei parlarvi' e lo stesso vale se tocchiamo delicatamente con un dito la punta del ventaglio chiuso.

Tenendolo generosamente aperto e rivolto verso l'interlocutore lo salutiamo con un 'Benvenuto, caro' e se, aprendolo al massimo, ci copriamo però la bocca diciamo 'Sono libera', mentre non coprendoci la bocca segnaliamo 'Aspettatemi'.

Lanciando il ventaglio con la mano facciamo capire 'Vi odio!', lo stesso significa quando tracciamo delle linee sul dorso della mano con il ventaglio chiuso, se però lo abbandoniamo lasciandolo nella mano significa 'Rimaniamo amici'. Toccare il palmo della propria mano segnala invece la speranza 'Sto pensando se Vi amo o no'.

Mostrandolo chiuso e fermo chiediamo 'Mi amate?', mentre se, sempre chiuso, lo teniamo nella mano destra, meglio con il mignolo ben teso, salutiamo con un 'Arrivederci'.

Occhio a scegliere la direzione giusta quando il ventaglio è chiuso! Rivolto verso il basso significa 'Venite vicino a me, ma qualcosa di simile significa anche quando viene tenuto aperto nella mano sinistra: 'Avvicinatevi e parlatemi' e quando lo teniamo diritto, quindi con la punta verso l'alto segnaliamo 'Potete agire liberamente'.

Tenuto sempre chiuso, ma appoggiato ripetutamente alla bocca significa 'Posso parlarvi in privato?', mentre sfiorando l'orecchio sinistro avvertiamo: 'Non tradire il nostro segreto'.

Il ventaglio chiuso appoggiato all'orecchio sinistro non può che significare 'Lasciatemi in pace, non voglio sapere nulla di Voi', mentre appoggiandolo sull'occhio destro chiediamo 'Quando mi permetterete di vedervi?' e, sempre chiuso, posato sul cuore ovviamente dice 'Avete conquistato il mio amore per sempre'.

Appoggiandolo dietro la testa preghiamo 'Non mi dimenticate', ma se è aperto e lo avete portato dietro la schiena, leggermente più alto della spalla, significa 'Fermatevi!', ma anche 'State zitti, per favore!'.

Possiamo elegantemente segnalare la nostra irritazione, ad esempio, cambiando il ventaglio alla mano destra 'Ma come osate?', coprendoci per un po' di tempo l'orecchio sinistro 'Lasciami in pace', sventagliandoci molto velocemente tenendolo perpendicolarmente al petto 'Quanto ci metti!', ma anche 'Accidenti a te!' e questo l'ho visto fare molte volte in milonga!! Ma attenzione a non sbagliarci con 'Vi amo tantissimo' per cui dobbiamo sventagliarci molto, ma molto velocemente.

All'aperto mentre ci proteggiamo dal sole e perciò ci facciamo ombra con il ventaglio, diciamo anche 'Siete brutto, non mi piacete', se invece lo prestiamo ad un'amica o ad un familiare significa semplicemente 'Vi lascio, è finita!'. Se, arrabbiate, lo passiamo da una mano all'altra segnaliamo 'State flirtando con un'altra? Come vi permettete!' e dandoci col ventaglio chiuso un colpo sul palmo sinistro esigiamo semplicemente 'Amami!'.

Tenendolo aperto nascondendoci gli occhi diciamo 'Vi amo' e portandolo nella mano destra 'Voi desiderate troppo'.

Attenzione a quando appoggiamo il ventaglio sulle labbra: in genere significa 'Non mi fido', ma se è mezzo aperto vuol dire 'Potete baciarmi', lo stesso significa anche appoggiando la base alle labbra!

Colpendo con il ventaglio chiuso la mano sinistra segnaliamo 'Scrivetemi', mentre se intrecciamo le mani nella parte inferiore del ventaglio aperto 'Dimenticatemi, vi prego'.

Guardando fisso e con espressione triste il ventaglio chiuso ci chiediamo 'Perché non mi capite?'

Aprendolo e chiudendolo lentamente in continuazione diciamo 'Siete crudele!', ma se chiudiamo il ventaglio completamente aperto in modo esageratamente lento promettiamo 'Vi sposerò'.

Toccare il ventaglio aperto mentre ci sventoliamo segnala 'Vi starò vicina per sempre' e se lo facciamo cadere ammettiamo 'Vi appartengo'.

Se lo chiudiamo a metà sui lati indichiamo 'Non posso', se lo chiudiamo su una mano durante una conversazione facciamo capire 'Niente obiezioni, finiamo questa chiacchierata'.

Aprendolo all'inizio di una conversazione con una mano sola invitiamo l'altro ad esprimere i propri sentimenti.

Infine, gli ultimi due: tenendolo appena sotto gli occhi indichiamo che 'Desideriamo flirtare' e presentando solamente alcune stecche aperte chiediamo specificamente 'A che ora?'

Sicuramente ci saranno ancora tante altre variazioni sul tema a seconda della situazione, o della vostra postura ed espressione. Ma affinché non vi perdiate completamente nella giungla dei messaggi sventagliati a causa della nostra ignoranza, mi sembrava doveroso informarvi di tutto ciò.

Magari provateci anche voi in estate? Chissà se i nostri ballerini ci capiranno? E ricordiamoci che il Tango inizia molto prima e finisce molto dopo aver ballato con il nostro partner...

E visto che ci siamo, parliamo anche un po' del colore, che ne dite? Di solito, nel nostro immaginario, i colori tipici del Tango sono il nero ed il rosso. Ma perché? Che cosa significa quando preferiamo un colore rispetto ad un altro? Sicuramente la scelta svelerà qualcosa sul nostro stato d'animo e chissà forse anche qualcosa sul nostro carattere e temperamento.

Vediamo allora il tanto gettonato colore rosso: sicuramente ha a che fare con le emozioni, spesso viene abbinato all'amore, alla felicità, alla fortuna, all'energia in generale, all'eccitazione, infatti fa fisicamente aumentare il battito cardiaco e la respirazione. Sarà allora per il nostro vestito rosso che siamo tutte eccitate in milonga?

Proviamo quindi se questo colore fuoco ci aiuta sul serio negli slanci e nelle azioni danzanti. Chi lo ama o la cerca rivela d'essere deciso, passionale, coraggioso, combattivo, competitivo, impulsivo, estroverso, entusiasta e si butterà nelle danze senza tentennamenti. Viene ritenuto comunque anche capace di sacrificio. Ah già, il rosso è il colore del sangue! Inoltre, è il colore che viene percepito più velocemente dai nostri occhi ed è quindi ottimo per una buona riuscita del cabeceo!!

Il nero sicuramente ha a che fare con la morte, con l'occulto, con il mistero e, perché no, con la terra! È la totale assenza del visibile e forse per questo, ma non potrebbe valere per le milongas porteñas illuminate con il neon, fa sì che i ballerini nella ronda diventino invisibili, anonimi e perciò protetti da sguardi indiscreti?

In ogni caso il nero è sempre un colore elegante e di gran classe ed è sempre stato il colore prediletto per i grandi eventi. Fino all'inizio del Novecento ci si vestiva di nero per le feste, per i funerali, ma, incredibilmente vero, anche per i matrimoni. La gente povera non aveva così tanti soldi da permettersi dei vestiti per gli eventi speciali e non era ancora diffusa, ma questo è cambiato forse solo negli ultimi quarant'anni, l'abitudine di 'sciupare' il vestito buono per altre occasioni.

Così il nero[39] in milonga segnala sempre un certo rispetto per l'occasione ed è sicuramente indicato per la sera!

Foto di famiglia

Durante l'estate invece i vestiti, sia delle ballerine che dei ballerini sono ovviamente di colori chiari, il bianco o l'avorio, e le dame vestono anche con fantasie a fiori e così via! Quindi non fatevi terrorizzare e compratevi pure vestiti colorati ed allegri, vanno bene sia per l'estate che per le milongas pomeridiane!

Ora che siamo di nuovo entrati nell'argomento 'milonga', vorrei brevemente dirvi due cose. La prima riguarda sia le ballerine che i ballerini ed in particolare i loro gomiti se tenuti ad angolo retto e rivolti verso l'esterno dalla coppia e quindi verso gli altri ballerini: prima o poi diventeranno un'arma contundente! Quindi girate le braccia in modo che i gomiti puntino sempre verso il basso!

Il secondo avvertimento riguarda solo le ballerine: non accettate l'inaccettabile da chi è porteño! Cioè se un ballerino vi invita richiamando la vostra attenzione con un colpetto sulle spalle non reagite, non accettate e non fate neanche una piega. Non si fa così l'invito, a prescindere da chi si tratti! Lo stesso vale se vi parlano da dietro le spalle o se vi prendono la mano e cercano

---

[39] L'abbigliamento nero era molto prezioso, perché nel tempo cambiava colore o perdeva intensità. Solo con la scoperta del colore all'anilina, nella seconda metà del 19° secolo, era possibile un tingere permanentemente (Hoechst, Bayer, BASF).

di tirarvi in pista. Sicuramente un ballerino che conoscete e che vi stima non lo farebbe mai!

Penso che ormai, dopo così tante uscite in milonga, avrete qualche dimestichezza con titoli di Tangos, vero? Potremmo usare i titoli per ciarlare con il nostro partner durante i brani, metodo particolarmente indicato per chi non è proprio portato per le lingue e quindi vi ho preparato una piccola lista:

Muchachos comienza la ronda (ragazzi, comincia la ronda), Dos palabras por favor (due parole per favore), Nada mas que un corazón (nient'altro che un cuore), Siempre tuyo seré (sarò sempre tuo), Tu angustia y mi dolor (la tua angoscia e il mio dolore), Como dos extraños (come due estranei), Hora de pasión (ora di passione), Pensalo bien (pensaci bene), Se dice de mi (si dice di me), Toda mi vida (tutta la mia vita), Ahora no me conosces (ora non mi conosci), Al compás del corazón (al ritmo del cuore), El baile de los domingos (il baile delle domeniche), En el salón (nel salón), Con permiso, señorita (con permesso, signorina), La vida es corta (la vita è corta), Soñar y nada mas (sognare e nient'altro) e così via.

Ora siamo proprio preparati alla perfezione e quindi,

via a ballare!

XXX Consiglio
La Ronda, jogging con il cervello, 'el Piropo' e 'la trata de blancas'

So che ho combinato un bel guaio! Ammetto che vi ho portato in giro nelle milongas senza parlarvi mai in quale direzione andare! Se mi permetteste vorrei rimediare...

La direzione in sala, ma anche nella nostra vita va sempre in avanti, seguendo un filo ininterrotto fino alla fine detto ronda nel caso del nostro Tango. Quindi vi consiglio di seguirlo e muovervi, cari ballerini, ballando in avanti. Qualche volta, quando incontriamo degli ingorghi balliamo dei 'riccioli', dei giri e quando incontriamo degli ostacoli possiamo pure fermarci e ballare ad esempio qualche 'candela'. Anche se vogliamo andare indietro, muoviamoci comunque in avanti dopo aver girato di 180° e balliamo i passi all'indietro, sempre seguendo il flusso della ronda, che segue un andamento antiorario.

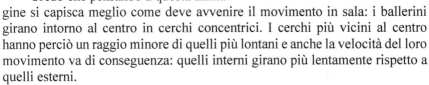

'Galileo forse ballava il Tango e forse per questo aveva scoperto che la terra gira intorno al sole?'

Scherzi a parte!

Credo che pensando a questa immagine si capisca meglio come deve avvenire il movimento in sala: i ballerini girano intorno al centro in cerchi concentrici. I cerchi più vicini al centro hanno perciò un raggio minore di quelli più lontani e anche la velocità del loro movimento va di conseguenza: quelli interni girano più lentamente rispetto a quelli esterni.

Quindi nei cerchi interni può trovare spazio chi preferisce ballare lentamente o per il gusto di farlo o per necessità, perché non si può più muovere velocemente o non può ancora farlo, come nel caso dei principianti. Il giro più esterno può ospitare tutti coloro che possono o vogliono ballare con movimenti più ampi e veloci. Ispirandoci di nuovo all'astronomia si capisce che ci dobbiamo davvero preoccupare quando un astro perde la connessione con il centro della galassia (ovvero della sala) e si porta senza preavviso verso l'esterno spazzando via qualsiasi corpo che trovi nella sua irregolare traiettoria. E quindi occhio!

Il vortice della ronda ci coinvolge e ci porta via e qualsiasi pensiero o qualsiasi volontà non riesce più a resistere a questo movimento. Vi spinge avanti per ore e ore, facendovi entrare come in trance e quando ne usciamo abbiamo ancora voglia. Francamente non saprei spiegarvi meglio la sensazione!

Ma studiamola insieme più attentamente: nel nostro cervello (zona del precuneus), si trova una carta 'geografica' del movimento che collega l'orientamento ed il senso dello spazio con i muscoli e le articolazioni e permette al ballerino di Tango di navigare in milonga con grande precisione, ma anche di arrivare a delle prestazioni cerebrali superiori.

In un certo senso ballare, nel nostro caso il Tango, è uno jogging cerebrale! Più la musica ed il ritmo vi è familiare, più vi induce al movimento, stimolando il cervello. Già il solo guardare stimola ed attiva in generale il centro della comunicazione, in particolare quello del linguaggio della regione Broca, che a sua volta attivato permette un apprendimento ancora migliore.

Che ballare cambi il cervello, beh questo lo sappiamo, o no? Basta pensare a tutto ciò che all'improvviso ci sembra importantissimo: musica, vestiti, ballare e così via. Sicuramente, come confermato da indagini scientifiche, il nostro rapporto con lo spazio migliora notevolmente, ma migliora anche la capacità di concentrazione e la capacità di socializzare piacevolmente con altre persone. E tutto ciò perché anche il nostro cervello ama ballare... il Tango!

(Ups, scusate, non c'entra niente, ma mi viene in mente solo ora: non alziamo, mentre balliamo, le mani congiunte oltre l'altezza della spalla più bassa della coppia, atteggiamento tra l'altro non funzionale all'appoggio reciproco!)

Dopo esserci occupati del cervello, lasciamoci andare! Allora ballerine, vi siete esercitate ballando nel civettare, nello stuzzicare e nel tenere interessato il vostro ballerino, sì seguendolo, ma interpretando anche voi stesse la musica ed il sentimento che è in voi?

Vi hanno inondate di complimenti fioriti durante le pause tra i brani? E appena uscite dalla milonga anche altri ve li fanno?

Allora avete finalmente fatto la conoscenza con 'el piropo', espressione d'apprezzamento tipicamente sudamericano e in particolare di Buenos Aires. Il nome 'piropo' si costruisce dalle parole greche 'pur' (fuoco) ed 'os' (occhio, sguardo) e si dice, che sia nato nel XII-XIII secolo alla castissima corte spagnola per permettere ai cortigiani di vivere attraverso le parole la loro passione amorosa. Più artistica e poetica è la sua costruzione, più viene apprezzato dalle donne e le divertono!

Infatti, le porteñas ci sono abituate e raramente reagiscono, semplicemente se li godono e quindi vorrei invitare le straniere, specialmente quando girano da sole, prima o poi gli capiterà, a non preoccuparsi. Difficilmente dietro los piropos si nascondono intenzioni serie e pericolose. Per prepararvi a ciò che potreste sentire, vorrei farvi conoscere alcuni storici e fra i più belli, anche se tradotti non rendono bene:

- Se la bellezza fosse un peccato, non te lo perdonerebbero mai.
- Ora so che il paradiso esiste davvero, perché ho visto un angelo.
- Sicuramente mi sono addormentato, perché ho sognato una donna di bellezza incredibile.
- Dove cammini, devono fiorire le rose.
- Così tante curve e io senza freni.
- Vorrei tanto essere una delle tue lacrime... per nascere nei tuoi occhi, vivere sulle tue guance e morire sulle tue labbra.

Sicuramente dopo una 'immersione ne los piropos', non si ha più bisogno d'un lifting! Ci si sente rinascere, vero ragazze? Perciò cari ballerini, perché non vi sdraiate un attimo sul letto, prendete carta e penna e vi inventate un vostro, personale, piropo??

Quando vi muovete in città può succedere che dite un indirizzo al vostro tassista e lui vi risponde con tutto un altro nome intendendo la stessa via! Succede anche da noi che le strade cambino nome, ma che dopo anni ci si riferisca ancora a quello precedente... questo è davvero insolito, non vi pare? Così quando volete ballare al Salón Canning che si trova in Scalabrini Ortiz, i tassisti sanno che si trova ovviamente nella strada Canning!! E vi giuro che è solo un esempio di questo curioso vivere le strade.

Mi permettete una piccolissima interruzione?

A Buenos Aires si ragiona, girandola, non a metri, ma a 'cuadra', cioè a unità di 100 metri tra un incrocio e l'altro, quindi basta dire 'vai avanti 5 cuadras per arrivare a...' e sappiamo che dobbiamo camminare più o meno per 500 metri.

Ma ritorniamo ad un altro esempio curioso. Si tratta d'un barrio, che non esiste, un barrio 'no oficial': El Once, cioè 'L'Undici', nome che si riferisce alla stazione ferroviaria di 'Once de Septiembre', inaugurata nel dicembre 1882.

Il suo nome prende spunto dalla data della rivolta della provincia di

Buenos Aires contro il governo federale nel 1852.

Stazione El Once*

Ufficialmente si chiama Balvanera e comprende anche l'Abasto, un altro 'barrio non ufficiale' che prende il nome da un enorme centro commerciale, prima vi si trovava un importantissimo mercato coperto, dove troverete sicuramente delle cose da mettervi in milonga.

Nelle vicinanze c'è anche la casa di Carlos Gardel, che veniva infatti chiamato 'El Morocho del Abasto', cioè 'il Brunetto dell'Abasto', che assomiglia più ad un vero fanclub!

**Museo Casa Carlos Gardel
Calle Jean Jaurés, n° 735***

Il barrio El Once si trova tra due importantissime strade, Jujuy e Rivadavia e la zona situata attorno all'incrocio tra le vie Corrientes e Pueyrredón. Al suo centro c'è la Plaza Miserere, ovvero Plaza Once, dove fanno capolinea parecchi autobus della periferia.

In questa piazza si sono divisi nel 1913, dopo il loro primo tour nella Provincia di Buenos Aires (erano inizialmente in quattro) Carlos Gardel e José Razzano, senza sapere che dopo poco sarebbero stati il duo più alla moda, dando così inizio alla strepitosa carriera di Gardel.

Nel barrio El Once, inoltre, si concentra la grande comunità ebraica porteña, seconda o terza nel mondo, che una volta si trovava in centro tra le strade Lavalle, Cordoba, Uruguay e Libertad (praticamente 2x3 cuadras), quindi vicino al Teatro Colón, dove fino al 1886 si trovava originariamente la stazione ferroviaria 'Plaza Parque' (in mezzo alla zona che nel 1908 sarebbe stato interdetta alla prostituzione).

Per un momento vorrei tornare indietro nella storia e riparlare delle prostitute e del loro mondo.

Esistevano allora delle organizzazioni criminali, gestite da italiani, francesi, spagnoli, tedeschi, polacchi e così via, che importavano le donne.

Sarà forse successo come in Brasile dove inizialmente i gesuiti avevano chiesto d'inviare delle prostitute bianche per i loro coloni bianchi?!

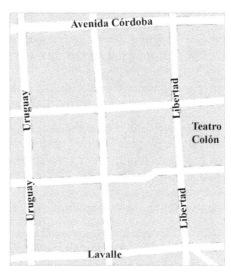

Sarà stato che, dopo la liberazione degli schiavi, le loro donne erano già state costrette a prostituirsi per sopravvivere?

I ruffiani cercavano le ragazze per la strada, facendo loro la corte, sposandole. Se fossero già arrivate in Argentina le avrebbero aspettato al porto, al loro arrivo o in seguito nelle sale da ballo! Dopo un iniziale 'sei sola?', spesso la serata si concludeva con lo stupro in un vicolo buio e così disonorate, le ragazze si convincevano che ormai non potevano più fare altro che le prostitute.

Se si sposavano con un matrimonio riparatore, era addirittura peggiore, perché davano al ruffiano tutto il potere su di loro.

Sicuramente non dovevano passare i primi giorni nell'Hotel de Inmigrantes, ma finivano in tal modo dritte, dritte nei bordelli, magari a La Boca!

Infatti, quanti Tangos parlano di queste ragazze, che per mangiare, avevano perso inevitabilmente la retta via ed il loro onore, per poi finire male in pochi anni. Ragazze che si conoscevano, ragazze dello stesso conventillo!

Negozio in un ex-conventillo, La Boca

Oltre ad avere lavorato in strada o in bordelli, ora il pericolo prostituzione entrava anche 'in casa', così anche nei conventillos abitavano e lavoravano le prostitute, in stanze di altri, dove il posto 'di lavoro' era diviso semplicemente da una sottile tenda, mentre gli uomini

171

aspettavano fuori nel patio o in strada, mettendo in pericolo le ragazze e le donne della gente per bene, che stavano e lavoravano soprattutto in casa e che ora dovevano essere sempre accompagnate da un uomo, un accompagnatore.

Mi posso immaginare che per passatempo si siano inventati allora un ballo, il Tango, e, visto che il testosterone era alto, lo abbiano 'farcito' con qualche aspetto marziale. Diventava un ballo con coltelli o passi violenti, una rissa simulata. Quelle prostitute che stavano invece per strada, possiamo pensare che ballassero con aria indifferente fra di loro per accaparrarsi un cliente. Sarà stata così la quotidianità del Tango dei bordelli?

Così nel 1902 venne fondata una Asociación Nacional Argentina contro 'la Trata de Blancas', mentre nel 1910 una organizzazione internazionale, che comprendeva stati come il Belgio, il Brasile, la Danimarca, la Germania, la Francia, la Gran Bretagna, l'Italia, l'Olanda, L'Impero Austro-Ungarico, il Portogallo, la Spagna e la Svezia, combatteva la tratta delle bianche minorenni (meno di 21 anni) e la prostituzione forzata.

Rintracciare le rotte non era facile: mentre le spagnole salpavano da porti nazionali, le francesi e le italiane dovevano prima spostarsi in Spagna.

Simile procedimento si usava per entrare in Argentina: mentre la maggior parte entrava direttamente vicino a Buenos Aires, altri scendevano a Montevideo spostandosi poi a Salto per passare illegalmente, dopo una 'mancia' al doganiere, il ponte del Río Uruguay vicino a Concordia.

E ricordandoci che il 'prezzo d'importo' ammontava a 100 US dollari in oro, si capisce che una volta arrivate, le ragazze non potevano più ritornare!

Una volta arrivate venivano letteralmente vendute all'asta, Buenos Aires era il luogo di smistamento generale per tutto il Sud America, nel retro di un ristorante o di un salone di bellezza. La merce più bella si poteva comprare all'asta del lussuoso 'Café Parisien' nel barrio Recoleta, ma bisognava avere un invito!

Ovviamente la 'francesita' (la giovane francese), status symbol del ricco porteño, era quella che costava di più e che poteva mirare ai clienti più facoltosi e ad uno stile di vita più lussuoso e più libero, accompagnando i suoi clienti nei locali più alla moda.

Tutto ciò veniva organizzato da gangs provenienti da paesi europei (ad esempio Francia, Italia). Nel 1930 una di loro fece grande notizia nella società e nella stampa argentina. Vennero condannati 112 esponenti della società di mutuo soccorso ebraica Zwi Migdal, (fondata nel 1906), responsabili di una rete internazionale di tratta delle bianche.

Tra il 1860 e il 1939 si erano fatti affidare, ingannando i loro genitori, facendo credere loro che avrebbero lavorato come domestiche, delle ragazze ebree poverissime, spesso minorenni, provenienti dagli shtetlekh[40] dell'Europa orientale, soprattutto dalla Polonia e dalla Galizia, la più popolata regione settentrionale delle province dell'Impero Austro-Ungarico. In seguito, gli stessi 'arruolatori' le avevano sposate, senza la presenza di un rabbino, con un matrimonio rituale, chiamato 'Stille Chuppah'.

Questo tipo di matrimonio non era ufficiale e quindi era privo di valore legale, fatto ignorato dalle giovani spose, che si sentivano legate per sempre ai loro mariti ruffiani e, ignoranti come erano e prive della padronanza della lingua del nuovo paese, non si erano quasi mai opposte.

Spesso dopo essere cedute ad altri malviventi venivano stuprate e poi inviate nei bordelli di New York, Costantinopoli, Johannisburg, Bombay, Shanghai, e nei bordelli più redditizi di Rio de Janiero e di Buenos Aires, dove venivano collocate nelle infernali 'casitas' de La Boca controllate da anziane guardiane cinesi e dove erano costrette a 'ricevere' fino a 70 uomini al giorno.

Ovviamente tutto ciò era possibile solo grazie all'abituale corruzione della polizia e dei potenti! Leggendo la storia della sarta polacca Rachel Liberman, che aveva sposato un connazionale, poi immigrato in Argentina, possiamo farci un'idea di come andavano le cose. Dopo un anno, aveva seguito suo marito con i due figli: arrivando nell'autunno del 1922 a Buenos Aires era andata ad abitare con i cognati, ruffiani, in un paesino.

Angolo della Calle Caminito, La Boca

Dopo un anno, il marito era morto e la cognata l'aveva convinta a lasciare i figli ad un'altra donna e

---

[40] plurale di 'shetl', cioè piccoli e poveri villaggi con un'alta percentuale di popolazione di fede ebraica nel Europa Orientale

a ritornare nella capitale, dove le aveva fatto incontrare un ruffiano con cui aveva stipulato un contratto di lavoro a termine.

Dopo pochi anni, Rachel aveva potuto riscattarsi dal suo magnaccia ed aprire un negozio d'antiquariato in calle Callao. Qualche mese più tardi aveva incontrato un altro polacco, purtroppo altrettanto ben inserito nell'organizzazione Zwi Migdal. Appena sposati il nuovo marito l'aveva derubata, costringendola a ritornare in un bordello.

Lei a quel punto si era rivolta al presidente dello Zwi Migdal minacciando di rivelare tutto ad un incorruttibile commissario di polizia. Al marito era stato quindi ordinato di restituire i soldi e di lasciar perdere, ma lui si rifiutava ed addirittura distrusse il negozio della moglie. Perciò nell'ultimo giorno dell'anno 1929 Rachele aveva denunciato tutti, come aveva precedentemente minacciato, dando il via agli arresti degli esponenti dello Zwi Migdal.

Per sopravvivere e poter in seguito aprire un altro negozio d'antiquariato e forse far venire i suoi figli ad abitare con lei, era ritornata un mese dopo gli arresti nel bordello, dove la possiamo trovare ancora nel 1933.

Quando finalmente richiede un visto per ritornare in Polonia per una visita alla famiglia, muore tragicamente prima di poterlo fare, nel 1935 a 35 anni. I criminali dello Zwi Migdal vengono invece rilasciati nel 1931, esclusi tre, ma il loro potere non raggiungerà mai più il livello di prima!

Volete infine sapere dov'era lo 'struscio' più famoso ed elegante, dove si potevano incontrare le ragazze più alla moda?

Era il teatro 'Casino' nella calle Maipú vicino Corrientes, dove più tardi, la Radio El Mundo avrebbe tenuto la sua famosissima trasmissione dal vivo, la 'Ronda de Ases', proprio di fronte al Cabaret Marabù aperto dal 1935 al 1965 in Maipù 359.

Calle Maipù 359*

Sull'entrata del Ex-Marabù, nel 2006, la città di Buenos Aires ha fatto mettere una targhetta per ricordare il chitarrista e musicista di Jazz(!) Don Oscar Alemán (1909-1980), che nei suoi ultimi anni viveva qui...

XXXI Consiglio
Buenos Aires, metropoli di cultura

Buenos Aires è 'canchero', cioè ganza! Anzi lo è sempre stata!

Veniva chiamata la 'Parigi del Sud America' (ah sì, vorrei avvertirvi che quando dite America qui non si intende automaticamente gli Stati Uniti, ma l'America del Sud!) ed era una delle città più ricche del mondo! Lo possiamo notare ancora oggi grazie ai suoi palazzi in stile liberty e alla sua Avenida Nueve de Julio, il boulevard più ampio del mondo, che si rifà ai maestosi Champs-Élysées parigini.

La stazione ferroviaria di Retiro poi vi ricorderà sicuramente la Victoria Station londinese, il Congreso somiglia al Capitol di Washington e il Teatro Colón alla Scala di Milano. Infatti, anche questo teatro dovrebbe essere davvero sulla vostra lista delle mete turistiche!

Il retro del Teatro Colón da Plaza Lavalle, forse si può ancora intuire che è stato costruito sulla vecchia stazione ferroviaria 'Plaza Parque'!

Nella attuale sede, prima era vicino alla Plaza de Mayo, ha cantato il grande tenore italiano Enrico Caruso, ma anche il famoso cantante Tito Schipa, di cui esistono anche registrazioni di Tangos. Vi hanno diretto le proprie opere i compositori Richard Strauss, Paul Hindemith, Ígor Stravinski, Arturo Toscanini, Arthur Rubinstein, Leonard Bernstein e vi hanno ballato ballerini del famoso Ballets Russes (in assenza del loro geniale direttore Sergei Diaghilev, impaurito dal viaggio transatlantico) come Anna Pavlova e Vaslav

Nijinsky, che durante questo soggiorno si è sposato, e poi la famosissima coppia Rudolf Nureyev e Margot Fonteyn... E scusate se mi limito a loro!

Vaslav Nijinsky 1907

È significativo però che questo teatro, così prestigioso, abbia accolto anche artisti del Tango come Aníbal Troilo, Osvaldo Pugliese, ancora oggi il suo concerto rimane una pietra miliare, assolutamente da ascoltare, ovviamente Ástor Piazzolla, la cantante Susana Rinaldi e tanti altri.

Lasciando gli sfarzi d'un tempo alle spalle e uscendo di casa verso le sette di sera per recarvi in milonga, noterete sicuramente delle persone, che raccolgono la nettezza o meglio disfanno i sacchetti per cercare e dividere le cose da riciclare.

Anibal Troilo, 1971

Quando scende la notte la miseria si fa vedere e i 'cartoneros' arrivano dai loro disperati barrios periferici, Lomas de Zamora ed altri, alle stazioni ferroviarie di Retiro e di Constitución per 'divorare' i sacchetti della nettezza urbana e ripulire Buenos Aires.

La nettezza viene infatti lasciata davanti a casa in sacchetti, come si fa a San Telmo, o in appositi cestini nelle zone più periferiche, come ad esempio Floresta. Qualche volta potete vedere i cartoneros anche con dei carretti trainati da cavallini magrissimi, ma di solito sono loro che li tirano avanti. Intere famiglie cercano di accaparrarsi qualcosa di riciclabile!

Mi raccomando, se avete da buttar via qualche indumento che non vi sta più, non vi piace più o che si è rotto e non avete voglia di farlo accomodare durante il vostro breve soggiorno, lasciate il sacchetto aperto e magari le scarpe rotte le mettete semplicemente accanto. Qualcuno lo apprezzerà molto!

Insomma, li vedete a San Telmo, a Palermo, dove si trovano le ambasciate, davanti a mete turistiche d'eccellenza come il Café Tortoni e poco più in là in Plaza de Mayo. Mi chiedo se forse, grazie ai turisti del Tango, troveranno un bottino più ricco?

In ogni caso sono dappertutto! Si sono organizzati nella cooperativa 'Nuevo Rumbo' che sembra contare su circa 100 000 membri. Con il loro incessabile lavoro fanno un lifting alla città, mentre la chirurgia estetica va a gonfie vele anche a Buenos Aires!

Se invece volete sapere qualcosa sulla sicurezza cittadina e quindi sulle zone insicure, in cui muoversi solo con il solito taxi, vorrei farvi presente che di notte la Plaza Miserere nel barrio El Once è da evitare.

Lo stesso vale anche di giorno per le strade fuori dal circuito turistico del 'Caminito' de La Boca o di altre strade del poverissimo barrio **Baraccas**. Non è proprio il caso!

Ascoltate sempre, uscendo dalle milongas, i ballerini o il guardiano del locale, che vi consigliano d'aspettare il taxi (non temete, ne arriva sempre uno e anche molto velocemente) all'entrata e non fuori in strada!

Non fate lo sbaglio d'essere troppo spavaldi!

Fidatevi dei loro consigli!!

Magari domani potrete pure, alla luce del giorno, fare un giro nell'antico mercato coperto di San Telmo mescolandovi agli autoctoni per fare la spesa e per cercare qualche regalino d'antiquariato, oppure ritornate in Plaza Francia per incontrare i dogsitter con i numerosi cani a guinzaglio e spostandovi poi in Plaza Italia salutatemi Garibaldi.

Non tenete però al collo le vostre costose fotocamere e videocamere né di notte, né di giorno, mi raccomando!

E poi in sala da ballo non fotografate né filmate!

Non diranno niente, los Viejos Milongueros, ma non lo gradiscono affatto, vi rimarrà per sempre il marchio dello straniero arrogante e quindi, con ogni probabilità, non vi inviteranno mai più!!

XXXII Consiglio
Rodin, salute e un po' di turismo

Se vi svegliate di prima mattina, siete senz'altro destinati alle milongas pomeridiane!

In mattinata esplorate magari il 'microcentro' con la sede del Parlamento, il Palacio del Congreso.

In una delle tre piazze antistanti troverete 'Il pensatore' (le penseur) dello scultore francese Auguste **Rodin** (1840-1917), una delle venti copie distribuite in tutto il mondo.

Stava lì a pensare anche nel dicembre 2001, ero arrivata da appena due giorni, e riflettevo sulle violente e sanguinose manifestazioni in particolare della classe media, colpita duramente dal blocco dei risparmi bancari.

Durante queste manifestazioni erano morte anche delle persone e quindi non me la sentivo proprio di andarmene in giro liberamente anche se in compagnia dei miei amici e maestri Yvonne Meissner e Eduardo Aguirre. E così solo qualche giorno dopo ho potuto vedere, sempre accompagnata da loro e francamente ero abbastanza terrorizzata, gli edifici circostanti la piazza: tutti distrutti!

Nelle notti e nei giorni in tutte le strade della città, a qualsiasi ora, intere famiglie battevano con i mestoli sulle loro pentole domestiche (al ritmo di Candombe) e facevano roghi con tutto ciò che trovavano.

Era una vera rivoluzione!

Noi turisti non potevamo cambiare i soldi perché le banche non avevano niente in cassa! E la gente di Buenos Aires non poteva accedere ai propri conti e con la svalutazione del pesos avevano perso davvero tutto. Questi erano i tempi duri del 'Corralito'!

Comprarsi da mangiare era davvero difficile per tutti, mentre i tassisti erano particolarmente protettivi e in milonga la gente era più aperta del solito. Un vero momento storico!

Ma torniamo a noi! Dal Congreso viriamo nell'Avenida Callao per andare da Zival's, uno dei migliori negozi per il Tango! Attenzione ai soldi, il negozio è troppo allettante!

Se visitate Buenos Aires durante la stagione fredda, non siate disattenti mentre fate shopping o semplicemente passeggiate, ma proteggetevi dal vento, che qui può essere davvero freddo!

Influisce negativamente sui nostri muscoli, tendini e legamenti e quindi mettiamoci un foulard intorno al collo. Beviamo anche una bevanda calda al limone che purifica il fegato affaticato dalle notti bianche e che, accelerando il battito del cuore, aiuta la pulizia interna. Zuccheratela un po', altrimenti l'aspro del limone farà indurire troppo i muscoli!

Se temete che il vostro sudore odori di aspro, mangiate pasta, pane, pesce, carne di pollo, uova, bietola e spinaci. Infine, non dimentichiamoci del riposo, che fa davvero miracoli!

Se invece vi svegliate a mezzogiorno, sarete in forma per ballare fino a notte fonda! Se in seguito accusate delle caviglie gonfie, calde e infiammate oppure fredde per la cattiva circolazione, una certa febbriciattola, delle varici e delle emorroidi, una grande stanchezza alle gambe, se vi sentite stanchi e vuoti in generale, consiglio anche a voi un giorno di riposo! L'unico vostro pensiero deve essere quello di non preoccuparvi in nessun modo. Rilassatevi magari davanti ad una bella bistecca alla brace!

Vi sembrerà strano, ma il sapore amaro della brace rinforza il cuore, almeno per la medicina cinese, e lo stesso vale per qualche spruzzo di limone sulla vostra 'milanesa'!

Occhio però a non abusare del sapore amaro della griglia, come anche del café e delle sigarette, perché fanno invecchiare la pelle! Semmai usate un po' di sale, che combatte tra l'altro il gonfiore nell'intestino tenue e nella pancia!

Qui mi fermo un secondo per chiarire un 'pasticcio': quando parliamo di 'parilla' si intende la 'normale' grigliata, ma quando si fa 'l'asado' si tratta di tutta un'altra cosa. In questo caso l'animale viene aperto, sventrato e lasciato intero e 'messo in croce' (infatti si chiama 'asado en cruz') verticalmente davanti ad un fuoco.

Asado en cruz

Veramente gaucho!

In ogni caso girate un po' nella vostra zona, entrate nella vita del barrio, chiacchierate con le persone mentre fate la spesa nei negozi! E se siete a Buenos Aires durante la calda stagione delle feste natalizie o se vi siete accaldati eccessivamente ballando, 'raffreddatevi' gustando i favolosi helados (gelati).

Durante l'ultimo dell'anno in alcuni barrios si usa mandare in aria dei palloni gonfiati con un gas che, acceso, illumina il cielo: ci sembra proprio di sognare, con tutti questi palloni accesi. È proprio bellissimo!

Vorrei avvertirvi che può capitare di ballare meno durante le festività natalizie, perché tanti ballerini festeggiano in famiglia, spesso all'aperto, per loro è estate, vi ricordate?

Durante la loro estate la differenza termica tra l'esterno e l'interno delle milongas è davvero scioccante, quindi fate attenzione a non ammalarvi di disturbi intestinali, di raffreddori, di mal di gola e di orecchi, di bronchiti con dolori al torace e alle costole. La differenza di temperatura inoltre stressa molto il cuore! Se vi siete salvati da tutto ciò, gustatevi un bell'asado d'agnello (già famoso all'epoca dell'Armenonville), delle empanadas vegetariane o magari un piatto con il mais.

Andrebbe bene anche la pasta con salsa di pomodoro e tutte le verdure e la frutta di color rosso, colore particolarmente attivo contro disturbi dell'intestino, del peso, di malattie cardiovascolari e di ipertensione, del benessere generale, dell'osteoporosi e del tono dell'umore.

Se siete davvero capaci di tirare avanti fino all'alba, evitate ogni eccesso alimentare, cibi calorosi, ambienti umidi e vestiti sudati, altrimenti non resisterete a lungo e prima o poi vi sentirete disturbati, nervosi ed in disarmonia con tutto e tutti. Occhio sia a non mangiare troppo ma anche a non saltare i pasti! Evitate qualsiasi alimento che vi procuri gonfiore addominale, eventuali eruttazioni e stitichezza, che tra l'altro si manifestano con odiose ragadi alle labbra.

E non abusiamo neanche della cioccolata per tirare avanti nella notte! Evitiamo l'eccesso di sale per non fare gonfiare le gambe e le caviglie. Mangiamo ogni tanto anche qualche dolce o magari una pizza piccante!

Proteggetevi inoltre gli orecchi, specialmente in inverno! A Buenos Aires può fare veramente freddo e non vogliamo dover curare un'otite o una labirintite, che influenza negativamente il vostro equilibrio, vero? Evitiamo allora il freddo e cerchiamo il caldo, che giova anche alle eventuali articolazioni afflitte dall'artrosi.

Uno stacco ci farà sicuramente bene e quindi prendiamo il panoramico 'Tren de la Costa', direzione la città Tigre, per una giratina in battello sul fiume Paraná, visitando i canali del suo delta, sulle cui isolette possiamo ammirare lussuose case ed hotels, dove i porteños facoltosi amano fare le loro vacanze. Qui una volta si potevano cacciare anche i giaguari, che, come mi hanno raccontato, si rifugiavano su delle isolette erbose galleggianti. In alcune occasioni ci si poteva ritrovare faccia a faccia con uno di loro.

Inoltrandosi nei piccoli canali passeremo davanti a tante casucce o baite veramente rustiche. Deve essere un vero spasso fare qui delle vacanze!

Se invece scegliete una riposante gita con i 'catamaranes', passerete sicuramente, prima o poi, davanti alla casa dell'importante presidente argentino Domingo Faustino Sarmiento, che nel 1860 abitava proprio qui.

Oggi c'è il suo museo, completamente incapsulato in una sorta di scatola di vetro per proteggerlo contro l'umidità del delta.

Nel Puerto de Frutos (porto della frutta) sulla sponda del fiume si vendono adesso anche oggetti d'artigianato e vale la pena visitarlo. È bellissimo!

E se volete aggiungere alla vostra dieta un po' di frutta, siete nel posto giusto! Vorrei spendere brevemente qualche parola sull'iperacidità di stomaco: se ne soffrite, curatevi già a casa, altrimenti sarà difficile che vi invitino spesso!

Se non ci concediamo una pausa e non ci proteggiamo contro l'umidità del delta, potremo accusare dei dolori alla colonna vertebrale, indurimenti o debolezze nei grandi muscoli e forse anche una sensazione di freddo al centro del corpo: tutto questo non favorisce certo un volteggiare leggero sulla pista! Per poter rilassare i vostri muscoli, forse già 'annodati', vi consiglio anche di evitare cibi e bevande freddi e di mangiare invece qualcosa di calduccio!

La nostra gita ci serve inoltre per assorbire e per digerire tutte le novità in senso fisico, mentale ed emotivo! Infatti, ballare a Buenos Aires ha un impatto notevole non solamente sulle nostre gambe, ma anche sulle emozioni e sulla mente, togliendoci nel vero senso della parola il respiro.

E quando la respirazione non viene bene, diventiamo ancora più vulnerabili, accusando mal di testa, disturbi e dolori alle spalle e di nuovo alla schiena e, per chi è delicato d'intestino, diarrea e stipsi. Quindi occhio a che cosa mangiate! Senz'altro il piccante aiuta, perché disinfetta (meglio il peperoncino che il pepe!). Se ne avete abusato o avete già la diarrea da viaggiatore, salate di più per non disidratarvi troppo. In questo caso il vostro piatto forte dovrebbe essere il riso, che tra l'altro qui si trova molto buono. Proviamo magari un risotto di pesce?

In ogni caso una respirazione rilassata combatte la tendenza a chiudersi a riccio, specialmente quando non vi invitano quanto vorreste. Altrimenti vi troverete in pista con una fastidiosa tosse nervosa, se fosse invece una tosse vera, fate a casa qualche inalazione con acqua e sale!

Però prima o poi noi stranieri andiamo incontro ad una dolorosa fase depressiva! In un certo senso c'era d'aspettarselo: siamo come pesci fuori d'acqua! Perciò non abbiate paura!

Combattete ogni forma di fobia, che è solo un'espressione di difesa, si sa, vero?

Abbandonatevi allegramente al mondo tanguero e tutto andrà bene! Non tremate e, se sentite che i cambiamenti a cui vi sottoponete sono troppi e vi stressano, fate una pausa! Permettetevi magari qualche 'chorizo' (salsiccia) sulla brace, qualche dolcino in più, un 'flan' (creme caramel), o scegliete un piatto di pesce, con i molluschi, che sono davvero favolosi!

Potrete fare uno stacco magari curiosando nel mercato delle pulci la domenica in Plaza Dorrego ed il sabato nella Fería de la Baulera alla Casa de la

Moneda, angolo Difensa-México, tutti e due a San Telmo. Tutti i giorni della settimana a Palermo Viejo (Niceto Vega e Dorrego) invece si può girare per il Mercato de las Pulgas (mercato delle pulci), mentre in Plaza Francia la Fería Plaza Francia è aperto sabato e domenica. Vale la pena andarci!

Incontriamo Buenos Aires Viejo attraverso i suoi oggetti di piccolo antiquariato, giusto, giusto per la nostra valigia già piena!

Magari con un po' di fortuna potreste trovare dei pezzi del gioco 'taba', antico gioco dei gauchos, fatti di ossa bovine decorate con argento sbalzato o magari delle staffe in argento, sicuramente dei libri, dei vestiti e tante altre cose legate al nostro amato Tango.

Occhio però al vostro portafoglio, in tutti i sensi!

Le pause ci serviranno a ricaricarci! Dobbiamo veramente evitare di stressarci, altrimenti in milonga tutti lo sapranno subito e volendosi divertire non ci inviteranno! Se siete quindi sotto pressione in milonga perché ad esempio l'invito non funziona bene, allora forse è meglio che usciate.

Perciò cari ballerini e ballerine... rilassiamoci, rilassiamoci e rilassiamoci!

Disperdiamo i dolori alla zona bassa lombare automassaggiandoci con leggeri colpettini o strusciando sulla pelle. Contro i dolori insistenti alle spalle usiamo una crema riscaldante per il massaggio sportivo e contro dolori al collo eseguiamo degli esercizi di mobilizzazione girandolo di lato, in cerchio, chinandolo avanti e indietro e lateralmente.

E poi, perché non cerchiamo di cimentarci nella lingua spagnola? Facciamoci ispirare magari dai titoli di alcuni Tangos, che ho sottolineato, e prepariamoci qualcosa in spagnolo, che ne dite?

(Una cuenta <u>pequeña</u>, pequeña de un Tango:

Por este domingo, <u>despues la misa de las once</u>, arriba <u>Griseta</u>, la noviecita mía, con el rápido. Tomará un viejo coche y arribará finalmente al baile al Palais de Glace por bailar conmigo. Me dirá: 'Mirame en la cara, cariño gaucho (conociendo mi alma bohemia), estas enamorado de otra? ¿Tu amor es solamente unos fuegos artificiales que me pone una marca de fuego en mi corazón? ¡Sufra ahora!'

Pero yo contesto: 'Silencio, silencio, son todos recuerdos de Paris y nunca más. Desde aquella noche yo quiero solo ti y como te quiero. Son un entrerriano y vivo con pan y agua.'

Y ahora ella es nuevamente mi novia.)

XXXIII Consiglio
Spettacoli e Souvenirs

Ormai siamo quasi arrivati alla fine del nostro soggiorno e forse vi sono rimasti un po' di soldi per andare a vedere degli spettacoli di Tango spesso abbinati alla cena?

Li possiamo trovare al 'Bar Sur' (Estados Unidos, San Telmo), a 'El Viejo Almacén' (Avenida Independencia-Balcarce, San Telmo), a 'La Esquina de Carlos Gardel' (Pasaje Carlos Gardel-Anchorena, Abasto), al 'Señor Tango' (Vieytes, Barracas), il più grande.

'Uno Zuavo', acquerello di Poirson, 1888

Vedremo non solamente il Tango, ma probabilmente anche il Malambo, ballo 'gaucho', nato intorno al 1600 nella Pampa. Infatti, nelle esibizioni i ballerini vestono spesso da gaucho, quindi con 'las bombachas', questi particolari pantaloni larghi, comparsi più o meno dalla metà dell'Ottocento e tra altro d'origine europea. Venivano indossati dai soldati zuavi francesi, ma anche dai piemontesi impegnati nella Guerra di Crimea.

Chissà, forse venivano indossati anche da Giuseppe Garibaldi, era nato a Nizza, quando portò l'idea di libertà anche in Sud America? O forse era stato, qualche anno prima, il grande liberatore dell'Argentina il generale José de San Martín, quando tornò dalle guerre in Europa?

Ma ritorniamo all'abbigliamento gaucho:

I ballerini portano anche gli speroni! Durante gli spettacoli fanno spesso uso del lazo e delle boleadoras, brevemente dette bolas, tipiche armi degli antichi indigeni, usate durante la lunga resistenza indio. Entrambi venivano originariamente usati per cacciare e sono sempre un ottimo souvenir che potete comprare un po' dappertutto!

Ah sì, se dovete all'ultimo momento cambiare ancora soldi, ricordatevi che la quantità minima sono 100 euro!

Vedremo anche ballare l'allegra Chacarera, probabilmente originaria dell'Argentina settentrionale, del Gran Chaco e rintracciabile fin dal 1850. Veniva poi adottata dai gauchos della Pampa e importata a Buenos Aires all'inizio del Novecento. Curioso è che, come abbiamo visto, viene ballata ogni tanto in sala da ballo in sostituzione alla tanda della Milonga!

Avete comprato qualcosa in pelle, vero? Borse, giacche e cappotti sono un ottimo affare, come anche gli indumenti di lana!

Poi non dimentichiamoci della busta di mate, altrimenti il porongo e la bombilla sono inutili.

Se abbiamo davvero la valigia piena e vogliamo fare un regalino gradito agli appassionati del Tango, raccogliamo il 'Tangauta' o la 'Tango Map' facilmente trovabile nelle milongas.

Vi siete accorti che siete dimagriti ballando? Vi sentite in forma? Non c'è da meravigliarsi, ballare il Tango aumenta la nostra resistenza fisica del 30%, anche per chi soffre di cardiopatie. Quindi che cosa potevamo fare di meglio che andare a 'milonguear'!

Infine, accingendoci a lasciare tutti questi favolosi eredi danzanti degli immigranti spagnoli, polacchi, italiani, russi, britannici, siriani, coreani, tedeschi e di altre nazioni, ricordiamoci che per alcune compagnie aeree è necessario confermare[41] tre giorni prima la nostra partenza, altrimenti rischiamo di non trovare più posto! E chiediamo anche con quanto tempo di anticipo dobbiamo presentarci al check-in!

Avete messo da parte soldi per ritornare all'aeroporto, vero? Ora prenotiamo magari un 'remis', cioè una persona del quartiere, che offre il servizio taxi (clandestino). Sono di solito molto raccomandabili e precisi, altrimenti va bene anche un radiotaxi o uno della compagnia Taxi Ezeiza.

Comunque contrattiamo prima il prezzo del viaggio, più o meno 70, 100 pesos[42]. Anche per questa prenotazione vi consiglio di non aspettare l'ultimo

---

[41] Questo potrebbe anche cambiare
[42] Anche questo dipende dalla situazione economica dell'Argentina

minuto, perché i taxi fermati in strada spesso rifiutano il lungo viaggio fino all'aeroporto. Quindi pianificate bene anche il vostro rientro, in particolare se partite durante le ore di punta, che allungano il tempo del viaggio!

Tiriamo finalmente fuori la valigia, contraddistinta da un'etichetta con i nostri dati, e cerchiamo di non superare i 20 kg consentiti se non possedete la tessera 'frequent flyer' con la quale potete raddoppiare il peso, mentre il bagaglio a mano può pesare 7 kg. Lo so che sarà impossibile!!

Arrivati all'aeroporto, stiamo sempre molto attenti alle nostre valigie e sarà meglio tenere documenti e soldi addosso! Vi consiglio di passare subito la dogana, così siete un po' meno a rischio di eventuali scippi! Non mi rimane altro che augurarvi un buon volo sperando che non abbiate solo sognato i vostri balli, ma che abbiate ballato, a Buenos Aires, i vostri sogni!

Ma, aspettando il volo, sicuramente mi verranno tante altre cose in mente...

XXXIV Consiglio
L'animale tanguero

Da sempre sono rimasta affascinata dal detto tanguero che nel ballare il Tango si diventa un animale a quattro zampe, fissandomi sulla parola 'animale'. Mi era piaciuto, forse perché nella nostra vita civilizzata e codificata 'animale', nel senso buono, lo usiamo così poche volte!

Per più di dieci anni mi sono concentrata su questa parola cercando di esprimere ballando le mie emozioni più nascoste, spesso sconosciute.

Ho cercato di azzerare tutto ciò che mi divideva dal mio partner connettendomi sempre meglio con il suo petto, cuore, elaborando le mie paure e gli imbarazzi di dovermi porgere in avanti, abbandonandomi con fiducia, sperando che nel frattempo il partner ci fosse davvero con me.

Ho cercato di seguire da brava seguidora il mio partner e ballando da ballerino (perché un maestro o una maestra deve ovviamente saper ballare i due ruoli) mi lasciavo guidare dalla musica, dalle reazioni delle ballerine e dallo spazio in sala. Ho cercato di superare le mie aspirazioni egoiste, esibizionistiche e di ballare sempre di più solo per il mio o la mia partner!

Volevo davvero sperimentare l'unità di questo animale in cui non esiste, essendo un corpo unico, una divisione tra i componenti.

Ho osservato inoltre, vivendo in città, come si muovono cani e gatti, mai con le zampe piegate o iperflesse all'indietro e come agiscono e scattano davanti ad eventuali prede. Effettivamente i gatti sono migliori, basta una mosca..., ma avevo sempre la sensazione che c'era ben altro in queste parole.

Qualche anno fa poi ho incontrato questo gatto con una zampa menomata. In un attimo il mistero mi si è svelato: non era 'animale' la parola magica, ma 'quattro zampe'!

Solo con quattro zampe, che devono essere anche sane, questi animali possono dare libero sfogo alla loro innata indole di cacciatore, muovendosi in modo animalesco, istintivo e senza interferenze intellettuali. Altrimenti, se menomati, anche se volessero cacciare, non ne sono capaci.

Quindi oggi faccio molta attenzione alle mie gambe, che siano toniche, ma rilassate, in posizione ed assetto corretti, per poter dare libero sfogo, 'bestiale' ed istintivo, alla mia danza!

XXXV Consiglio
Tutto quello che ho fin qui dimenticato

Mi viene in mente che il miglior modo di scoprire il Tango a Buenos Aires è di andarci con poche persone, meglio ancora con persone, maestri, amici che siano veramente inseriti nell'ambiente milonguero.

Il successo nel ballo, in milonga, va 'pagato' comunque con la solitudine nei tempi intermedi. Vi fa desiderare di comunicare ballando! Il Tango della generazione che non c'è più o di quella che oggi ha intorno a 70/80 anni era una forma, sicuramente deliziosa ed intrigante, di comunicazione non verbale...

Il Tango de Salón Apilado, cioè il Tango nella sua versione originale, in un certo senso è anche un ballo proibito, un 'dirty dance', che tocca 'l'inimmaginabile': il sentirsi pubblicamente in coppia! Ci fa scoprire noi stessi, ci incita a questa scoperta offrendoci la possibilità secondo partner, musica e situazione di cambiare ballando il personaggio da noi interpretato, diventando così come un 'carnevale' durante il quale ogni invito ci permette di rispondere in maniera diversa.

Ho dimenticato: in milonga sento dire ogni tanto l'espressione '¡non me planchar!' (planchar: 'stirare un vestito'), quando lasciano ad esempio una ballerina a sedere troppo a lungo.

Succede specialmente nel periodo in cui arrivano tante turiste e a questo proposito vi posso solo consigliare di tenere d'occhio la milonguera che l'ha detto, perché sicuramente balla da una vita e quindi potete imparare ancora un sacco di cose da lei.

E così dopo giorni e settimane di ballo il corpo è finalmente tonico e risponde alle esigenze dei vari partners, così ci facilita nell'interpretare il nostro ruolo e nel dare risposte come 'sì', 'no', 'non ora', 'prova dopo' e 'forse'.

Intervalliamo il movimento con la tanto sospirata pausa che serve a controllare l'ansia, ci mantiene nel ritmo, ci fa sentire il partner, tutte le altre coppie in sala ed infine noi stessi. Possiamo finalmente ballare con tutti gli uomini e con tutte 'las mariposas nocturnas' (le farfalle notturne), guidando o seguendo come si deve!

Siamo finalmente capaci di lasciar perdere? Lasciar perdere per avere?! Perché tutto avviene grazie alla moderazione e grazie alla moderazione possiamo sperimentare l'inerzia in milonga, nel ballo, nell'apprendimento, nel cabeceo e nei rapporti del ballo.

Infatti, anche aspettando l'aereo probabilmente avremmo la sensazione di ballare ancora. In un certo senso la tecnica segreta del Tango de Salón Apilado consiste nel mantenere tutto, specialmente corpo ed emozioni, in movimento, anche al di fuori della milonga, sviluppando contemporaneamente la nostra capacità d'attesa, silenziosa ma viva. Succede a tutti!

Tenetevi cari i vostri ricordi, lasciate che un silenzio interno metta tutto a posto. Questo silenzio interno di cui avevate bisogno per ballare favolosamente ed intensamente, che avviene mentre ballate e che vi cambia dopo aver ballato.

Lasciate semplicemente agire quest'inerzia silenziosa (so che mi ripeto, scusate)!

XXXVI Consiglio

L'antica Roma nelle milongas porteñas

Come gli antichi romani ogni milonguero (e milonguera) porteño cerca continuamente d'aumentare la propria 'dignitas'. Si, si proprio quella del tempo di Cesare e Cicerone!

Mentre la dignitas romana riguardava la sfera politico-sociale, quella porteña del Tango si riscontra nelle milongas tipicas. Come nell'era repubblicana romana, in cui ogni uomo cercava di distinguersi dagli altri, da lui ritenuti inferiori, e d'accrescere il proprio rango sociale, così fanno anche il Milonguero e la Milonguera.

Per tutt'e due le 'civiltà' non esiste altro scopo nella vita che accrescere questa dignitas, che si definiva come un insieme di varie qualità. Via via porta a sempre maggiore onore e considerazione.

Particolarmente interessante, almeno per noi, è che la dignitas non era sinonimo di ricchezza economica, anche una persona poverissima poteva avere una altissima dignitas e questo vale sia per gli antichi romani che per los Viejos Milongueros!

Anche i metodi sono rimasti i medesimi: nel caso degli antichi romani ci si poteva spostare lontano, distinguendosi nelle province, o rimanere a casa, frequentando assiduamente il Foro Romano e, nel caso dei nostri Milongueros, spostarsi all'estero o continuare a casa a frequentare incessantemente 'il Foro' delle milongas tipicas.

La loro dignitas si acquista quindi con 'l'età danzante', cioè da quanti anni ballano, ma anche con il talento e così los Viejos Milongueros hanno la massima dignità, rappresentano la storia del Tango, conoscono tutti e ballano fino alla loro morte.

In ogni caso anche la dignitas milonguera 'ha un assoluto bisogno di confermarsi nella prestazione'[43].

Come è piccolo il mondo, vero?!

---

[43] (F. Bartolomei, La dignità umana, p. 88)

Quartieri di Buenos Aires

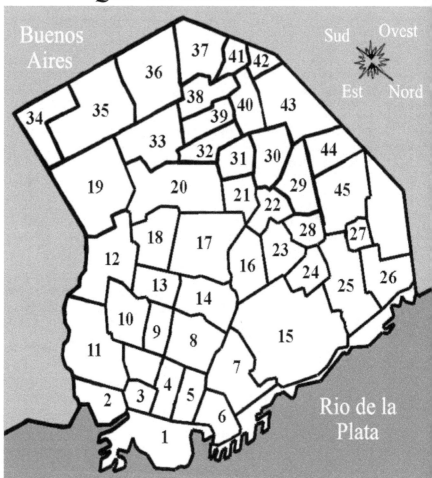

1) Puerto Madero	24) Colegiales
2) La Boca	25) Belgrano
3) SanTelmo	26) Núñez
4) Monserrat	27) Coghlan
5) San Nicolás	28) Villa Ortúzar
6) Retiro	29) Agronomía
7) Recoleta	30) Villa del Parque
8) Balvanera	31) Villa Santa Rita
9) San Cristóbal	32) Floresta
10) Parque Patricios	33) Villa Avellaneda
11) Barracas	34) Villa Riachuelo
12) Nueva Pompeya	35) Villa Lugano
13) Boedo	36) Mataderos
14) Almagro	37) Liniers
15) **Palermo**	38) Villa Luro
16) Villa Crespo	39) Vélez Sársfield
17) Caballito	40) Monte Castro
18) Parque Chacabuco	41) Versalles
19) Villa Soldati	42) Villa Real
20) Flores	43) Villa Devoto
21) Villa General Mitre	44) Villa Pueyrredón
22) La Paternal	45) Villa Urquiza
23) Chacarita	46) Saavedra

Nomi dei movimenti

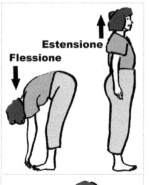

Flessione del corpo in avanti

Estensione della schiena

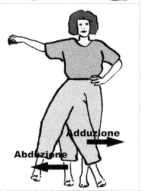

Abduzione: allontanamento dal centro

Adduzione: avvicinamento al centro

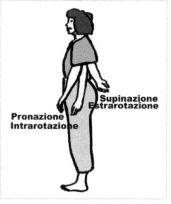

Supinazione: extrarotazione

Pronazione: intrarotazione

Bibliografia

Barbara Rosamaria Susanna, Il Candomblé, Ed. Xenia, 2003
Biagini Furio, Il Ballo proibito, Storie di ebrei e di tango, Ed.Le Lettere, 2004
Birkenstock Arne – Rüegg Helena, Tango, DTV Verlag, 1999
Brunamonti Marco, Il Tango musica e danza, Auditoium Edizioni, 2002
Carlotto Massimo, Le irregolari, Buenos Aires Horror Tour, Ed. e/o, 1998
Collier Simon, The life, music and times of Carlos Gardel, University of Pittsburgh Press, 1986
Devoto Fernando J., Historia de los italianos en la Argentina, Ed. Biblos, 2006
Di Marco Massimo, El Cachafaz, ed. NYN, 2001
Englander Nathan, Il ministero dei casi speciali, Ed. Mondadori, 2007
García Márquez Gabriel, L'amore ai tempi del colera, Ed. Mondadori, 1986
Guy Donna J., Sex and Danger in Buenos Aires: Prostitution, Family, and Nation in Argentina, University of Nebraska Press, 1990
Hess Rémi, Tango, Ed. BESA, 1997
Hess Rémi, Der Walzer: Geschichte eines Skandals, Europäische Verlagsanstalt, 1996
Judkovski José, El Tango, una historia con judíos, Ed. Funcacion IWO, 1998
Lamas Hugo – Binda Enrique, El Tango en la sociedad porteña 1880-1920, Ed. H.L.Lucci, 1998
Marco Polo: Argentina - Buenos Aires, Mairs Geographischer Verlag, 2000
Lao Meri, T come Tango, Melusina Editrice, 1996
Müller Patricia, Educazione Sessuale Taoista: antica guida per l'amante moderno, ed. Lulu, 2009
Müller Patricia - Raffaello Torrini, La Toscana nella Pentola Taoista: Dialoghi tra Maestri Taoisti, Ildegarda da Bingen e il cuoco Raffaello, ed. Lulu, 2009
Müller Patricia, Pensare Yin – essere Yang, ovvero come avere uno spirito dolce e un corpo forte – Manuale dello Yoga Taoista, Fitness Taoista e della Respirazione, ed. Lulu, 2009
Muraca Elisabetta, Il Tango, sentimento e filosofia di vita, Ed. Xenia, 2000
Nijinsky Romola, Nijinsky - Der Gott des Tanzes, Insel Verlag, 1981
Palmerlee Danny, Bao Sandra, Nystrom Andrei Dean, Vidgen Lucas, Argentina, Ed. Lonely Placet, 2005
Piloto Di Castri Sonia, La memoria negata. Gli indios australi 1535-1885,
Ed. A. Manzoni, 2003
Reichardt, Dieter, Tango, Suhrkamp Verlag, 1987
Salas Horacio, Il Tango, Ed. Garzanti, 1986
Schavelzon Daniel, Buenos Aires negra: la arqueologia histórica de una ciudad silenciada, Emecé Editores, 2003
Schavelzon Daniel, Los Conventillos de Buenos Aires: La Casa Mínima, un estudio arqueológico, Ediciones Turisticas, 2005
Seoane Maria, Argentina, paese dei paradossi, Ed. Laterza, 2004
Time Out Buenos Aires, Ed. Tecniche Nuove, 2007
Stella Gian Antonio, L'orda, quando gli albanesi eravamo noi, Ed. Rizzoli, 2002
Vincent Isabel, Corpi e anime, Ed. Garzanti, 2008
Wilson Jason, Buenos Aires, Ed. Signal Books, 1999

L'autrice: *Patricia Müller*

Patricia Müller apprese l'arte del T'ai Chi Chuan nel 1977 dal maestro cinese Gia Fu Feng, trasferendosi nella sua comunità taoista di Stillpoint in Colorado (USA).

Nel 1981 venne abilitata all'insegnamento del T'ai Chi Chuan e nel 1988 fondò a Firenze l'associazione Ki Dojo, ove vi insegnò T'ai Chi Chuan, Yoga Taoista e la disciplina Fitness Taoista di sua creazione.

Nel 1994 iniziò lo studio del Tango Argentino stile Milonguero con la maestra Yvonne Meissner e dall'anno successivo cominciò ad insegnare ed a organizzare workshop con maestri argentini di fama mondiale, mentre dal 2002 organizza il famoso TangoCafeFirenze, una delle prime milongas tipicas in Italia.

Nel corso delle sue lezioni pone da sempre attenzione al ritmo, alle orchestre ed ai cantanti, alla cultura tipica di Buenos Aires, al 'bon ton' nelle sale da ballo ed al mestiere del Dj di Tango. Nel corso degli anni ha sviluppato un innovativo programma didattico chiamato 'NewTangoDidactics', divenendo ben presto una stimata insegnante, con un corposissimo seguito di allievi.

Nel corso degli anni si è esibita in numerose iniziative del come in Danza in Fiera, ne 'Cambia la forma, ma non l'essenza' (esibizione di Tango e T'ai Chi Chuan, 1999), nel Tango Film Festival (2000), nel 2013 ha organizzato lo spettacolo 'Storie de Tango' presso la Biblioteca delle Oblate mentre nel 2017 ha insegnato Qi Gong in un ciclo di lezioni presso il Giardino dei Semplici.

Nel 2011 ha presentato i suoi libri al Tango Festival di Ferrara ed è stata intervistata nella rivista 'Firenze', l'anno successivo compare nella rivista 'El Tanguero', mentre nel 2013 è stata ospite all'interno del programma televisivo 'Le vie del cibo' di Rtv38.

Nel 1995 pubblica il suo primo libro 'Pratiche Taoiste. Manuale d'introduzione al pensiero taoista ed ai suoi vari campi d'applicazione' al quale seguiranno: 'La Toscana nella pentola taoista: dialoghi tra Maestri Taoisti, Ildegarda da Bingen e il cuoco Raffaello' (coautore R. Torrini), 'Il Buongoverno Taoista: meditazione politica attraverso semplici dialoghi tra maestri taoisti', 'Pensare Yin-Essere Yang ovvero come avere uno spirito dolce e un corpo forte, Manuale dello Yoga Taoista, Fitness Taoista e della Respirazione', 'Educazione sessuale taoista: antica guide per l'amante moderno', 'Il Tao nell'Arte: Ispirazione e Terapia', 'Astrologia Taoista', 'Tango Argentino: piccolo breviario per i suoi ballerini', 'Tango Argentino a Buenos Aires: 36 stratagemmi per ballarlo felicemente'. Tutti i libri sono editi da Massetti Publishing edizioni, acquistabili direttamente on-line dal sito tango-dancers.com.

Ed ancora oggi, dopo più di 25 anni, continua a praticare il T'ai Chi Chuan ed a ballare il Tango Argentino

Indice

Patricia Müller _____ i
I Consiglio _____ *1*
   Il Tango e noi _____ 1
II Consiglio _____ *3*
   Prepararsi per il volo _____ 3
III Consiglio _____ *7*
   Schiavi africani _____ 7
IV Consiglio _____ *14*
   Indios _____ 14
V Consiglio _____ *16*
   Immigranti europei _____ 16
VI Consiglio _____ *21*
   Sistemazioni nella Buenos Aires di una volta ____ 21
VII Consiglio _____ *26*
   Sviluppo del ballo, conventillos, bordelli e donne famose ___ 26
VIII Consiglio _____ *34*
   Stili di Tango e locali popolari _____ 34
IX Consiglio _____ *42*
   Tanguero, Milonguero, Valsero _____ 42
X Consiglio _____ *45*
   Asse e postura _____ 45
XI Consiglio _____ *51*
   Anatomia applicata: arto inferiore (piede, gamba e coscia) __ 51
XII Consiglio _____ *57*

Scarpe _____ 57

XIII Consiglio _____ *63*

Tandas y Cortinas, prepararsi per la milonga e un taxi _____ 63

XIV Stratagemma _____ *68*

appoggio del piede, anatomia applicata (bacino e addome) e qualcosa sulla dieta in generale _____ 68

XV Stratagemma _____ *74*

Psicologia in milonga e 'el cabeceo' _____ 74

XVI Consiglio _____ *83*

Camminare bello, passi vistosi, musica e ritmo _____ 83

XVII Consiglio _____ *89*

Andare a mangiare e anatomia applicata (schiena e torace) _ 89

XVIII Consiglio _____ *93*

La paura del cabeceo e la scelta dell'abbigliamento giusto ___ 93

XIX Consiglio _____ *95*

La vita in milonga, infinite domande e l'appoggio dei petti __ 95

XX Consiglio _____ *105*

Dolori di cuore ed il rifiuto _____ 105

XXI Consiglio _____ *108*

Piccoli accorgimenti per la milonga; turismo e anatomia applicata (braccia e spalle) _____ 108

XXII Consiglio _____ *117*

Ancora più turismo, l'abbraccio e il ballare insieme _____ 117

XXIII Consiglio _____ *122*

Ormoni della felicità, torsione e sensazioni nell'abbraccio __ 122

XXIV Consiglio _____ *129*

Ballare con un partner, la ronda e l'equilibrio psico-fisico-emotivo 129

XXV Consiglio *134*

Battute in milonga e il ritmo dei battiti 134

XXVI Consiglio *139*

Tecniche respiratorie per ballare 139

XXVII Consiglio *144*

Esercizi con un pallone e esercizi antistress 144

XXVIII Consiglio *151*

Asse ed equilibrio della coppia, dieta per ballare e passi del 'kamasutra tanguero' 151

XXIX Consiglio *161*

Il linguaggio del ventaglio e dei colori e testi di poesie sul Tango 161

XXX Consiglio *167*

La Ronda, jogging con il cervello, 'el Piropo' e 'la trata de blancas' 167

XXXI Consiglio *176*

Buenos Aires, metropoli di cultura 176

XXXII Consiglio *179*

Rodin, salute e un po' di turismo 179

XXXIII Consiglio *186*

Spettacoli e Souvenirs 186

XXXIV Consiglio *189*

L'animale tanguero 189

XXXV Consiglio *191*

Tutto quello che ho fin qui dimenticato _____ 191

XXXVI Consiglio _____ *193*

   L'antica Roma nelle milongas porteñas _____ 193

Quartieri di Buenos Aires _____ *194*

Nomi dei movimenti _____ *196*

L'autrice: Patricia Müller_____ *198*

Indice _____ *200*

CPSIA information can be obtained
at www.ICGtesting.com
Printed in the USA
BVHW062323071022
648929BV00012B/1181